Lecturas de la animita

Estética, identidad y patrimonio

EDICIONES UNIVERSIDAD CATÓLICA DE CHILE
Vicerrectoría de Comunicaciones
Av. Libertador Bernardo O'Higgins 390, Santiago, Chile

editorialedicionesuc@uc.cl
www.ediciones.uc.cl

Lecturas de la animita
Estética, identidad y patrimonio

Claudia Lira Latuz

©   Inscripción N° 266.238
     Derechos reservados
     Julio 2016
     ISBN N° 978-956-14-1931-5

Diseño:
Francisca Galilea

CIP-Pontificia Universidad Católica de Chile

Lecturas de la animita: estética, identidad y patrimonio /
Claudia Lira (editora).
1.   Animitas - Chile
2.   Monumentos funerarios - Chile
3.   Folklore - Chile
I.   Lira Latuz, Claudia, ed.

2016   393.0983 + DDC23   RCAA2

FACULTAD DE FILOSOFÍA

Lecturas de la animita

Estética, identidad y patrimonio

Claudia Lira (editora)

EDICIONES UC

ÍNDICE

PRESENTACIÓN

CLAUDIA LIRA LATUZ

> Un desconocido silba en el bosque.
> Los patios se llenan de niebla.
> El padre lee un cuento de hadas
> Y el hermano muerto escucha tras la puerta.
>
> (JORGE TEILLIER)

Lecturas de la animita es el resultado de un coloquio realizado el 24 y 25 de marzo del 2011, el que reunió a los investigadores que trabajaban la temática de la animita desde diversos ángulos. De ahí que el libro se presente estructurado a partir de cuatro temáticas principales, a saber: Animitas y religiosidad popular; Estética de la animita y arte; La ritualidad en torno a la muerte en el culto de las animitas; y Las animitas como componente del paisaje cultural de los caminos de Chile (espacio público / privado).

Inauguramos el coloquio en aquella ocasión con el verso del poema: "Un desconocido silba en el bosque", del libro de Jorge Teillier denominado *Poemas del país de Nunca Jamás* (1963) en homenaje a la memoria, temática central del poeta, que nos ayudaba a retratar el vínculo de la cultura tradicional de nuestro país con las ánimas, las cuales se aproximan a los seres humanos, especialmente a sus seres queridos, en los momentos en que el sabor de la vida es más intenso, es decir, durante la intimidad, el sufrimiento o la celebración. En este caso el padre envuelto en la noche, la niebla, el misterio y el silencio de quienes lo escuchan, abre con su relato un mágico espacio a través del cual las almas se deslizan para acompañarnos. Pareciera que el aroma de la vida las trajera de vuelta, como si los sentimientos emanados por los que estamos remecidos por las consecuencias del vivir las despertaran. Creencia que no podemos comprobar, pero que muchos dicen vivir.

La muerte, en la sociedad premoderna no es rechazada. En ella vida y muerte permanecen entrelazadas. Se cree que se complementan en cuanto desde la muerte surge o se inicia un nuevo proceso, una nueva vida conectada y derivada de la anterior. Así lo muestra la naturaleza, así lo sentimos los seres humanos pues mi vida es la continuidad de aquellos que ya no están, de mis antepasados. Estos como las animitas nunca se van del todo, son presencias que penetran la realidad por medio de la dinámica del ritual: el que se establece para ayudar a los muertos a remontarse a su próxima condición, así como para ayudar a los vivos a seguir existiendo tras su partida.

De ahí que sea necesario rememorar e investigar el modo como fueron transmitidas las creencias y prácticas en torno a los fallecidos, entender la sensibilidad que mantiene los lazos con los muertos y con la muerte, objetivos de las investigaciones presentadas a este coloquio. Esta sensibilidad no nos es ajena, pero se hace necesario hurgar y dejarnos tocar por estas presencias, por aquellos que circulan en un tiempo distinto del nuestro, incluso en nuestro espacio, buscando comunicarse, tratando de ayudarnos para que los ayudemos.

A partir de todo esto pensé en mis propios antepasados y removiendo los objetos de la memoria, encontré dos fotografías que miré muchas veces durante mi infancia. La primera fue tomada en el Cementerio General, aproximadamente en 1942. En ella aparece un grupo familiar que se ha fotografiado con el féretro antes de su ingreso a la tumba. Quizá para algunos esta imagen sea extraña porque ya no nos retratamos con los fallecidos, hemos perdido esta tradición, lo que nos hace preguntarnos: ¿con qué finalidad se detienen ante una cámara en el espacio de la muerte y con un cuerpo que no vemos, que se halla al interior de un ataúd?

Al hurgar la imagen podemos ver que algunos están serios, uno que otro triste, los demás posan, incluso algunos tímidos o nerviosos esbozan una leve sonrisa. El niño de pantalón corto es mi padre. No sé a quién despiden tampoco existe alguien a quién preguntarle. Lo que hacen, la acción no parece ser algo extraño para ellos. Podríamos decir que la familia reunida por este acontecimiento deja un recuerdo del momento, así el "evento" fue incluido dentro del álbum familiar.

La siguiente imagen es una fotografía de mi bisabuela materna con su hija, la gemela de mi abuelo quien fue rescatada del anonimato en el estudio del fotógrafo Francisco Arenas, activo en Santiago desde 1895, a fin de ratificar y conservar su presencia en la familia.

Recuerdo que le pregunté a mi madre por la mujer de la fotografía. "Es la mamá de tu abuelo, ella era francesa", comentó. Miré larga y profundamente la imagen reconociendo los rasgos de mi hermana en los de mi bisabuela. Tras lo cual le pregunté por los ojos cerrados de la niña, ya que pensé en silencio que si se hacía tamaño esfuerzo de estar tan bien vestido y en un estudio, lo mínimo era que la niña mirara la cámara. Es la hermana de tu abuelo, me dijo, y al insistirle por qué no la recordaba, agregó: "Es que está muerta". De esta manera, me enteré con sorpresa que la niña de la fotografía era un angelito. Debo reconocer que no supe qué era sino muchos años después de mi encuentro con la imagen. La había mirado muchas veces sin sospechar ni siquiera saber lo de la tradición respecto de los niños fallecidos considerados ángeles, a los que se les cantaba y festejaba de un modo especial. Todavía me causa impresión su gesto, el rostro de la madre, mi bisabuela, su dolor/amor retratado/detenido en esa urgencia por resguardar la imagen del amor en una fotografía con su hija muerta. La imagen fotográfica como sustituto concreto del cuerpo del que deja de estar corporalmente entre nosotros.

Hay algo secreto en ese acto, algo que necesitamos hacer en el momento de la pérdida. La última imagen, como la fotografía del fallecido en la animita, que expresa su esencia, la manera en que lo queremos recordar. Para la gente, el último hálito del fallecido carga un espacio dándole un sentido, una identidad; de la misma forma lo hacen los restos del accidente, sus cosas amadas como nexos materiales, concretos y reales con aquel que permanecerá en otro espacio para siempre, pero que vendrá en auxilio de quienes pedirán por el descanso de su alma, para que los favorezca en las necesidades imperantes de la vida.

Sabemos que la animita se instala en la vía pública a raíz de un hecho fatal, la muerte repentina y cruenta. A partir de ese momento se sacraliza ese espacio, purificado y enrarecido por la sangre derramada, que clama justicia y ayuda por medio del ritual: la instalación paulatina de velas, flores, objetos y, finalmente, de la animita misma que cumple la función de anclar el alma errante al sitio del fallecimiento. La animita comparece como el nuevo cuerpo del ánima, en él puede refugiarse y descansar, ya que como lo establece la tradición, "quien se cae compra el lugar", y en su caso, la caída ha sido absoluta, definitiva.

Así, la animita viva y en expansión territorial es un fenómeno de encrucijada en cuanto a que puede ser leída desde lo estético, religioso, lo social, lo psicológico y filosófico. Debido a esto nuestro coloquio tiene la intención de poner en escena y en debate la presencia dinámica del objeto y del culto, a fin de rozar su sentido patrimonial como expresión de una identidad, tanto en sus aspectos tangibles, a saber: formas, ofrendas, entre otras cosas; e intangible, creencias y actos en torno a la muerte trágica. Reflexión que se hace urgente, pues desde hace un tiempo es intervenida desde la cultura dominante a partir de la modernización de Santiago, con una propuesta estética de las concesionarias de las autopistas de una animita estándar, que propone una estética en donde no intervienen los creyentes ni los deudos. Al mismo tiempo está siendo resemantizada por movimientos externos a su principal razón de ser, levantándola como símbolo de una lucha en torno a la circulación de las bicicletas por la ciudad. Por otro lado, vivimos la llegada de animitas allende los Andes, como la de la Difunta Correa y la del Gauchito Gil. Así, el coloquio "Lecturas de la animita" surge como una necesidad de reflexión, en el contexto actual, justamente porque necesitamos repensar lo que acontece en torno a este objeto/creencia que nace y crece a lo largo del país.

El coloquio, además, se ofrenda a la memoria de todos los fallecidos el año pasado en Chile y este año en Japón. En homenaje a Amalia, alumna del Instituto de Estética que perdió la vida en un accidente en agosto del 2010 y a María Angélica Pérez, abrazada por el mar en Juan Fernández. De esta forma, iniciaremos nuestro encuentro reflexión, dando "gracias a las animitas por los favores concedidos".

I. Animitas y religiosidad popular

ORIGEN E HISTORIA DE LA ANIMITA

Pía Readi Garrido

El culto a las animitas es un fenómeno popular que abarca todo nuestro país, de norte a sur y se encuentra presente en pueblos y ciudades. Estas señalan el lugar exacto donde ocurrió un accidente, homicidio o alguna muerte trágica e inesperada. Son construidas como señal, recordatorio, homenaje o por miedo a que el alma del difunto quede vagando y moleste a las personas que viven en el sector.

Seguramente muchos se han preguntado: ¿cuál es el origen y procedencia de esta manifestación popular? ¿Por qué existe en Chile y otros países sudamericanos? ¿De dónde proviene la idea del mundo de los vivos y el mundo de los muertos?

Lo cierto es que pocos chilenos conocen las respuestas a estas interrogantes, quizá solo los especialistas en el tema han indagado en ello, ya que en general se ignora por completo su origen, que forma parte de la identidad religiosa y cultural de nuestro pueblo.

El origen de las animitas se remonta al momento en que los pueblos originarios debieron aceptar la imposición de costumbres españolas al comienzo de la colonización, produciéndose la destrucción de las bases culturales y la eliminación de prácticas genuinas del pueblo indígena, puesto que los españoles rechazaban cualquier experiencia religiosa que no fuera cristiana.

En el texto El rumor de las casitas vacías Claudia Lira señala que a raíz de esta situación se produce la combinación entre costumbres católicas provenientes de España, como por ejemplo el culto a los santos a los que se le puede pedir favores y, las costumbres basadas en la devoción a los antepasados, característico del pueblo indígena, el cual señala que los muertos cuidan a sus parientes y se quedan cerca de ellos, son parte viva y activa de la comunidad y de la familia.

El padre Raúl Feres confirma el origen de las animitas, señalando que en ellas hay "una perduración de fenómenos indígenas anteriores a la conquista española". Y agrega que el objetivo es "hacer del muerto un antepasado" que pasa a ser un mediador que habita junto a los dioses, pero sigue unido a los hombres por lazos que perduran en la mente de los vivos (6). Por su parte, los vivos deben recordarlos y rendirles culto.

La muerte considerada como parte importante de la vida no es una tragedia ni el final de la existencia. Por el contrario, es la continuidad de la existencia, es un paso más que da el ser humano de manera natural de esta a la otra vida. Es decir, "la muerte es como una conclusión, cumplimiento y culminación de una etapa de la vida" que abre la puerta hacia la otra (Bascopé: 272). Además, el difunto podrá estar en el más allá y también en el mundo de los vivos, porque la muerte no es más que una separación aparente. El muerto ha cobrado nueva vida, sigue existiendo, sufre o es feliz; "es alguien que sigue estando allí presente" (Feres: 7). Por otro lado, el cristianismo consideraba esta creencia inútil pues los muertos no necesitaban ser enterrados con sus objetos, ya que al lugar a donde irían no requerirían de nada.

De ahí que la preparación del equipaje del difunto sea un tema relevante, porque se debe acondicionar el cuerpo para el viaje, y la idea es "proveerle de todo lo que un ser humano necesita para una larga travesía. Se cree que el alma del difunto caminará mucha distancia, donde puede que pase hambre, tenga sed o pase frío. Todas estas cosas se colocan cuidadosamente junto al cuerpo del finado, de modo especial aquellas cosas que él acostumbraba utilizar durante su vida cotidiana. "Sus gustos y preferencias deben ser tomados en cuenta" (Bascopé: 274). Esta situación en el futuro se traspasará a la creencia popular, al intentar hacer "feliz" al espíritu que habita en la animita a través de objetos que hayan sido importantes para él en vida, ya sea porque le pertenecían o lo identificaban.

Destrucción de las apachetas

Cuando los españoles llegaron a tierras andinas, existían las llamadas apachetas o apachitos en los caminos altiplánicos de Perú, Bolivia, Argentina y el norte grande de Chile. La antropóloga Sonia Montecino las define como un "conjunto de piedras que constituye un espacio sagrado al que hay que retribuir en rezos u ofrendas". Estas eran instaladas en caminos aislados, cumbres, quebradas, en una bifurcación y partes altas, donde el viajero solicita continuar su camino sin inconvenientes, protegido de fuertes vientos, tempestades y despeñados (1).

La tradición de las apachetas se encuentra profundamente arraigada en la costumbre y estilo de vida del hombre andino, con el fin de rendir homenaje y pedir protección para el viaje. Están formadas por piedras de distintos tamaños y colores, amontonadas en forma piramidal. Por otro lado, la cultura andina le otorga un valor mágico a las piedras, es decir, están dotadas de simbolismos y, al mismo tiempo, son el material más utilizado en las construcciones. El volumen de las apachitos tiene directa relación con qué tan transitado es el camino donde se encuentra, ya que aumenta de tamaño debido a los caminantes. Además de piedras, eran dejadas en las apachetas, a modo de ofrendas, granos de maíz, pestañas, plumas, lanas teñidas, hojas de coca, entre otras cosas. Cumple una función religiosa y son erigidas en honor a dioses, a la Pachamama, a espíritus del lugar, al dios del viento o a los antepasados, ya que es la encargada de llevar el pedido para lograr un "viaje feliz".

Claudia Lira señala que estos espíritus alojados en las apachetas tenían una relación ambivalente con los hombres, por una parte eran justos y cumplidores, pero por otro también podían ser muy severos y enojarse con los viajeros si no les hacían ofrendas.

Las apachitos lograron sobrevivir a pesar de la colonización, y en la actualidad existen algunas en el norte de nuestro país. Aunque cuesta diferenciarlas de las animitas, ya que la ofrenda paso de piedras a flores y, además, empezaron a construirle casitas a su alrededor. Son justamente estas últimas las que corresponderían al culto de las alasitas. Su origen etimológico alasitas o alacitas derivaría de un verbo que en aymara significa "comprar", por lo que alasita se traduciría a "cómprame", y por su sonoridad en diminutivo también podría decirse como "cómprame estas cositas o miniaturas" (Acevedo, Espinoza, López, Mancini: 253). Según Claudia Lira:

> El juego de las Alasitas acompaña a algunas festividades religiosas en Perú, Bolivia y el norte de Chile y consiste en reproducir el mundo en pequeño y actuar en él según las cosas que se desee conseguir. Así, si el creyente desea obtener dinero, compra dinero de juguete y realiza transacciones con personas que tienen negocios o un banco. Si se desea viajar se compran los implementos para el viaje y se le ofrenda a la Virgeno al Taytacha Jesús si es el caso. Este juego mostraría el

anhelo de conseguir lo que falta en esta vida para estar mejor, es decir, daría cuenta de que lo que se pide en la mayoría de los casos en mejorar el estatus económico (111).

Esta actividad habría influido en el culto a las Apachetas y al de las animitas. A ambas se les pide no solo ayuda en los viajes por su territorio, sino que también para todo tipo de inconvenientes o deseos vía "mandas".

Concilio de Extirpación

Durante el proceso de evangelización de la zona se decidió que las Apachetas y otros lugares sagrados para los indígenas debían ser cristianizados. Es así como el nombre de "Apachita" aparece escrito por primera vez en uno de los acápites del Concilio Limense de 1567, el cual señala que el cura debe obligar a los habitantes de cada pueblo andino a que ellos mismos destruyan las apachetas reemplazándolas por una cruz cristiana y, luego, rebautizarlas con el nombre de un santo o figura católica como, por ejemplo, la Virgen o Jesús.

Antiguamente, existía un rito similar a las actuales animitas en el sur de España, donde se levantaban altares de piedras en los caminos a todas aquellas personas que habían muerto de manera trágica.

En aquella época las personas que morían en los caminos en Europa eran enterradas en el mismo sitio, siempre que fueran de desconocida procedencia o si estaban excomulgados. Para Claudia Lira, la razón de ello es que sus almas no se encontraban en paz, pudiendo convertirse en almas en pena, provocando temor en quienes pasaban por esos caminos. Según las creencias religiosas de ese tiempo, la sola visión de los montículos de piedras indicaba la posible aparición del espíritu, pues se conjeturaba que estas almas podrían aparecerse para pedir su salvación.

Estos caminantes tenían una relación ambivalente con estos "seres divinos", ya que podían acceder a su protección, pero debían tener precaución porque corrían los peligros asociados cuando se interactúa con los espíritus.

La tradición de las animitas conserva de las prácticas realizadas por los conquistadores, el marcar el lugar de una muerte trágica, aunque ellos también enterraban el cuerpo del difunto y, por otro lado, recoge la concepción de la apacheta como aquel lugar sagrado, donde ocurre la comunicación entre lo humano y lo divino a través de ofrendas (Thomson: 7).

Ambas prácticas están unidas por la idea de tránsito, de caminantes terrenales o entre el "mundo de los vivos" y el "mundo de los muertos". Por otro lado el acto comunicativo mismo, es decir, la creencia en la posibilidad de conectarse con las animitas revela la estrecha relación afectiva con los muertos.

En otras palabras, la apacheta y la animita son "objetos" simbólicos que se construyen en los caminos, que están relacionados con seres que pertenecen al ámbito de lo sobrenatural (dioses o ánimas), quienes afectan a los visitantes negativa o positivamente, dependiendo de la actitud que ellos tengan en el lugar. Ambas por estar en el sitio donde habita un "ser especial", son respetadas y temidas a la vez.

"Mala muerte"

Víctor Bascopé destaca la importancia de las almas de las personas que mueren de forma trágica, las cuales permanecen en este mundo.

> Las personas que mueren en un accidente o los que son asesinados, son considerados *riwutus*, almas tributantes. Es decir, almas que permanecen en este mundo y no tienen acceso al camino del retorno al principio. Es interesante la devoción que tienen los andinos ante los *riwutus*. Ellos están en este mundo para ayudar a los vivos en todas sus necesidades. Pero también necesitan ser atendidos debidamente. En varios lugares de la zona andina se encuentran una especie de santuarios en el lugar donde fallecieron estos *riwutus*. A ellos no les faltan velas ni flores como ofrendas. Se puede decir que los *riwutus* son considerados como los bienhechores directos de las comunidades y de las personas en particular. Un ejemplo concreto es el hecho de que los *yatiris*, los que saben de los signos de la muerte en la lectura de la *coca*, tienen su *riwutu* personal a quien consultan en casos muy difíciles, les piden favores y muchas veces les obligan a manifestarse. Pero el *yatiri* tiene también la obligación de servirle adecuadamente (271-277).

Los aymaras creían que los lugares relacionados con muertos y muertes abominables eran lugares que quedaban cargados con una energía fuerte, que emanaban fuerzas peligrosas y malignas, de ahí que había que tener cuidado. Tal creencia se asentaba en la distinción entre la muerte repentina por ejemplo, un accidente, considerado como castigo o efecto de un poder maligno, y un fallecimiento natural (Van Kessel: 1)

Por lo anterior, podríamos afirmar que el culto a las animitas hundiría sus raíces en creencias y prácticas indígenas, españolas y mestizas cuya semejanza radica en la necesidad de mantener una conexión con el "más allá" que nos asista en el cumplimiento de un anhelo, sueño o deseo porque cuando los problemas de la vida abruman, la necesidad de ayuda aumenta la fe en las fuerzas sobrenaturales. Pero asimismo existe recelo, por las otras fuerzas que son igual de poderosas pero que están dispuestas a hacernos daño.

En la actualidad existen animitas en Argentina, Brasil, Perú, Paraguay y Venezuela, aunque el culto no es igual en todos ellos.

El surgimiento del "objeto" animita

Cabe destacar una reflexión del sacerdote Raúl Feres, quien señala: " En todos los pueblos y religiones de la tierra se ha tenido siempre, y se tiene especial veneración por los difuntos. Esto no es cuestión de hombres primitivos o sin cultura. Es una intuición popular, es una convicción de fe, sobre todo la vivencia del encuentro con el difunto más allá de la muerte" (7).

Durante el trabajo en terreno, pudimos apreciar el nacimiento del "objeto" animita como un proceso que implica el uso de símbolos, imágenes y estructuras tradicionales. Observamos la primera fase de construcción de dos animitas en distintos lugares, las que a pesar de tener su origen en accidentes ocurridos en circunstancias diferentes, reiteraban la necesidad de construir un "recordatorio" de una muerte trágica e inesperada que acabó con la vida de personas inocentes.

Es interesante constatar el transcurso, como poco a poco va tomando fuerza el fenómeno, hasta que en algún momento llega a su etapa final, cuyo objetivo es la instalación de una animita que tendrá características representativas del difunto y los deudos, quienes expresarán el amor que sentían por sus familiares y el sufrimiento de su partida al "más allá".

El primer caso observado se encuentra en la entrada de la Autopista del Sol, al lado de la animita de "Juanito", un hincha de Colo-Colo. Durante enero de 2010, en aquel lugar fue encontrada una mujer muerta. Joel Molina, supervisor de la autopista, nos relató que la joven era oriunda de Concepción y trabajaba de secretaria para un abogado.

El día del crimen, ella venía en el auto de su jefe y, tras una fuerte discusión, él la dejó abandonada en la Autopista del Sol. La razón de su muerte aún es un misterio y el caso se encuentra todavía en tribunales.

Arquitectura fúnebre que señala un accidente trágico.

Un mes después del crimen visitando el lugar encontramos una precaria casita de ladrillos levantada en su memoria. Para Joel, quien ha presenciado varios accidentes y ha tenido la oportunidad de ver cómo familiares de las víctimas visitan el lugar, cuenta que pronto se transformará en una animita con fotos de la joven y será decorada con recuerdos de ella.

En febrero de 2011, la animita se encontraba totalmente construida y bien cuidada. En ella se pueden encontrar flores, objetos, la fotografía de la joven secretaria e incluso una tarjeta musical.

El segundo caso observado, más impactante a nuestros ojos, es el ocurrido en un terreno próximo a la cárcel Colina I y Colina II y del cementerio de aquella comuna, sitio donde aconteció un accidente que marcó con sangre el comienzo del Bicentenario.

El trágico suceso ocurrió unos minutos antes de la medianoche, cuando las familias Caro Candia, Mella Caro y Barrera Caro caminaban por la berma de la carretera General San Martín a la altura del 2400 hacia el espectáculo pirotécnico que se realizaría en el cerro Comaico, trayecto que recorrían desde hacía siete años.

En el camino fueron atropellados por una camioneta que iba a exceso de velocidad, conducida por Víctor Vilches, quien se encontraba en estado de ebriedad. Tras intentar adelantar a un vehículo, Vilches perdió el control del volante del Station Wagon, arrollando a 20 personas, de las cuales 13 quedaron lesionados y 7 murieron, cuatro de ellos niños y tres adultos; entre ellos, la esposa del conductor.

Dos meses después del accidente, (en febrero de 2010), en el lugar había un gran mural, con dibujos de angelitos, estrellas, flores y los nombres de las pequeñas víctimas del accidente.

El culto a las animitas tendría raíces indígenas, españolas y mestizas. Su función principal es mantener una conexión con el "más allá".

Pero sin lugar a dudas, lo que realmente nos impactó fue encontrar simbolismos que señalaban la desgracia que había sucedido. Una gran cruz de madera y tres montones de piedras, que marcaban el sitio donde los adultos murieron. Son justamente estos símbolos y ritos los que nos remiten al origen de la tradición, los antecesores de las animitas actuales, es decir, las apachetas; montones de piedras que los indígenas ponían en un lugar sagrado para rendirle culto a algún dios o a sus antepasados, la cruz que los españoles colonizadores habrían obligado a instalar en reemplazo de las apachetas y marcar el lugar de la muerte trágica.

En febrero de 2011, un año más tarde, el lugar se encontraba intacto pero sin el mural de los niños. La cruz estaba pintada y los montones de piedras permanecían, con algún adorno o peluches. Sin embargo, no había ninguna casita o capillita, algo extraño para algunos, pero lo cierto es que no es necesario que haya una para ser una animita.

REFERENCIAS

Lira, Claudia. *El rumor de las casitas vacías*. Santiago: Ed. Instituto de Estética UC, Chile. 2004. Medio impreso.

Feres, Raúl. *"Las animitas"*. Santiago: Ed. Comisión Nacional de Santuarios y Piedad Popular, 2004. Sitio web de documento de Iglesia.

Bascopé, Víctor. *El sentido de la muerte en la cosmovisión andina; El caso de los valles de Cochabamba*. Arica, sitio web Scielo. Fecha de ingreso: julio 2001.

Acevedo, Verónica; Espinoza, Ana; López, Mariel u Mancini, Clara. Temas de patrimonio cultural N° 24: Buenos Aires Boliviana. *Migración, construcciones identitarias y memoria*. Buenos Aires: Ed. Comisión para la Preservación del Patrimonio Histórico Cultural de la Ciudad Autónoma de Buenos Aires, 2009. Sitio.

Montecino, Sonia. Revista *Patrimonio Cultural*, "De piedras y cocciones. Calapurca". Santiago: Ed. Biblioteca Nacional. Sitio web.

Van Kessel, Juan. *El ritual mortuorio de los aymara de Tarapacá como vivencia y crianza de la vida*. Chungará (Arica). Sitio web Scielo. Fecha de ingreso: septiembre 1999.

Thomson, Catarina. *La construcción de una animita*. Santiago: Universidad de Chile, 2004. Sitio web.

DEL RITO DE ANGELITO AL MITO DE LA FE.
ANÁLISIS ESTÉTICO-ANTROPOLÓGICO DEL RITUAL
DEL VELORIO FESTIVO

Juan Escobar Albornoz

Preguntarse por la muerte en nuestra cultura popular implica necesariamente preguntarse por la vida. Es realizar, como diría Fidel Sepúlveda, citando a Alejo Carpentier, un "viaje a la semilla", rastrear en una manifestación honda y profunda del ser humano, la respuesta que nos lleve en un tránsito "de la raíz a los frutos", formulando la pregunta siempre abierta por la identidad latinoamericana.

> *La muerte es un animal*
> *fatigoso y altanero,*
> *bullicioso y pendenciero;*
> *como este no hay otro igual.*
> *Cuando se llega a asomar,*
> *se siente un hielo que espanta,*
> *le sale por la garganta*
> *un gemido misterioso,*
> *se siente un miedo poroso*
> *que ningunito lo aguanta* [sic]. (Parra: 115)

Así define Violeta Parra, voz profunda de nuestro pueblo, el sentimiento de la muerte. Una muerte trágica que podría significar una pérdida del sentido, si no hubiera una manera de apuntalar este silencio, este no lugar. El lenguaje y la fe serán los encargados de llenar este entre, y mediante esa semantización, revelar el ser.

Como plantea Octavio Paz, en Latinoamérica: "Nuestra muerte ilumina nuestra vida" (59). Es decir, la muerte nos enseña la verdad de la vida, produce ese "desvelamiento". El ser revelándose a la vez que ocultándose, como dijera Heidegger, manifiesta su pre(e)sencia.

Esto es lo que intentaremos abordar en este escrito, nacido de una inquietud frente a la observación de expresiones que en un primer momento podrían parecer antagónicas: lamento y celebración, pero que a partir de un examen profundo podemos intentar comprender.

Así, junto con el sentimiento de dolor frente a la muerte, en el campo chileno, y por cierto en los nuevos asentamientos urbanos, producto de la migración campo-ciudad de los siglos XIX y XX, se manifiesta en muchos velorios una fuerte carga festiva, donde la abundancia, el jolgorio y los "excesos" son parte también del rito de paso.

Fidel Sepúlveda señala que en el imaginario popular chileno, junto con el sentimiento de la muerte como destino inevitable con características trágicas, existe una percepción un tanto burlona de ella. Muchos le llaman la "pelá" como una manera de reírse de la muerte.

Pero el profesor Sepúlveda va más allá, al hacer referencia a una concepción de muerte como "muerte-vida", según la cual el fallecimiento de una persona no es más que un paso de una vida a otra, más plena y auténtica (Sepúlveda, *Patrimonio Cultural*: 2005). Visión en espiral del fenómeno que resulta particularmente interesante, al momento de analizar los ritos que se celebran bajo estas concepciones.

El gran rito de muerte-vida es aquel en que se vela a un niño que según la conciencia popular no ha llegado a la madurez propia del ser humano pecador. Aquel niño, que en palabras de Nicasio García:

San Miguel le pesó el alma / Que fue la mayor fortuna
Por no tener culpa alguna / Ganó el premio de la palma [sic]. (Para
un ángel, 223).

En estas circunstancias, entiende el pueblo que se trata de un angelito enviado por Dios como mensajero a la comunidad y, por ende, su despedida debe ser sin llantos, con un carácter sagrado, en medio de un marco ritualizado, pero también festivo.

Así, se debe agradecer por la gracia de Dios de haber enviado un angelito a bendecir a una familia y, por intermedio de esta, a una comunidad toda. Por esto, el velorio también es una celebración. En él se bailan cuecas, se come y se toman "gloriaos", con la condición de que "no se note pobreza". Todo con el fin de festejar el ascenso del angelito al cielo:

Viva el angelito, pues, / que con sus brillantes alas
Ha subido las escalas / del palacio del gran juez,
Está donde no hay doblez / ni dolores, ni mentira,
Donde nunca se suspira / porque la pena no existe
Por eso no es canto triste / el que el angelito inspira (Rolak, A lo divino. Tonada del angelito: 225).

Siguiendo a Pancracio Celdrán, ángel proviene de la voz griega *angelos*, que significa "enviado, por ser oficio propio de ellos [de los angelitos] venir a la tierra con mensajerías divinas y socorrer a los hombres y hacerles sabedores de la voluntad de Dios" (Celdrán: 40). Es por esta misión divina del angelito que al carácter eminentemente festivo del velorio, se le suma alternadamente una atmósfera seria y solemne de un rito con estela sagrada, que por su concepción circular tiene su semántica al servicio de un mito.

Es cuando los cantores a lo divino, invitados de honor, entonan sus composiciones con que la fiesta se tiñe de una atmósfera de solemnidad. El niño es velado con una túnica blanca (alba), se sienta en una silla chiquita, desde donde preside la ceremonia y, por cierto, la fiesta, y se le maquilla para que parezca aún vivo. Los cantos a lo divino por el velorio de angelito poseen una estructura circular. Solo es posible cantar a los angelitos bajo el estilo formulario de la décima. En opinión de Fidel Sepúlveda, la décima:

> Privilegia el decir ritual, formulario, esto es, las cosas que se dicen bien, que no se dicen bien de cualquier manera. Hay ciertas cosas que para decirlas bien hay que encontrar el modo de decirlas, porque de otro modo no aceptan ser dichas. Este es el criterio de valor que está en la base del culto a la décima, pieza clave del Canto a lo Poeta (Sepúlveda, El canto a lo poeta…:39).

En primer lugar, se cantan los versos por saludo, en que se agradece la asistencia al velorio. Luego continúan los versos por padecimiento, cuyo tema es de dolor cristiano. Seguidamente, se cantan los versos por sabiduría, cuyos temas bíblicos no tienen relación especial entre sí, ni con el rito; y, por último, al alba, con los primeros rayos de la aurora, se cantan los versos de despedida (despedida del angelito), que resultan particularmente interesantes, puesto que en estos el cantor popular se torna mediador de la voz del ser sagrado que se despide. El poeta presta su voz para que el niño pueda pronunciar sus últimas palabras antes de irse por fin y para siempre de la tierra. El poeta asume la función de voz mediadora y su lugar de enunciación es el alma del pequeño niño que deja su cuerpo material para pasar a otra vida, más plena y abundante. Es por esta razón que los cantores a lo divino son centrales en estas ceremonias.

> *La rueda de los cantores/A la derecha del ángel,*
> *En nombre de los arcángeles/Que canten en los bordones.*
> *Si afligen los corazones/la voz de los fundamentos*
> *Cantando/padecimientos,*
> *saludo y sabiduría,/que sigan por despedida*
> *del mundo y sus elementos./Qué lastimoso es el canto,*
> *y el tuntuneo sagrao,/qué frangancioso el gloriao,*
> *en la tetera va queando./Malazo es velar con llanto,*
> *a tan dichoso angelito/que vuela al cielo infinito*
> *llamado por el Señor;/cantémosle sin dolor,*
> *ángel glorioso y bendito* [sic]. (Parra: 123-124).

Nos dice Violeta Parra. Y es esta última parte del rito, la de la despedida del angelito, la que nos interesa, especialmente por su fuerte carga simbólica y sagrada. El corpus escogido es una serie de liras populares del siglo XIX, cuya composición se basa en este momento del rito.

Uno de los temas más recurrentes en estas composiciones es la idea de que a un angelito no se le debe llorar, porque con el llanto se le mojan las alitas, imposibilitándole así su ascenso a los cielos. El angelito es una bendición para la familia en que (murió) nació. Esta, dentro de la comunidad, es escogida por Dios. Así, José Hipólito Cordero cuando asume el trance de prestar su voz para que el angelito hable, dirá:

> *Les pido que no hagan duelo/A todos mis descendientes,*
> *a rogar por mis parientes/Me voy con Jesús al cielo* [sic]. (Despedida de ángel:224).

Según el sentir popular la única persona que tiene autorización para llorar es la madre del niño. Es por esta concesión que el angelito en su canto le pide expresamente que no lo haga. Rosa Araneda dirá:

> *Al fin ya es hora marchemos/Madre no me llore tanto*
> *Le advierto que con su llanto/Quita lo que merecemos* (Adioses de angelito: 165).

Pedro Villegas, cantando por el angelito, señalará:

Adiós madre celestial/Ya me despido de usted
Advirtiéndole de que/Por mí no vaya a llorar [sic] (Despedida de ángel: 222).

El niño que muere a corta edad va derechito al cielo, es por esto que se celebra. En ese lugar serán Dios y la Virgen María quienes asumirán su crianza. José Hipólito Cordero dirá:

Adiós mi madre querida,/La más triste Magdalena,
No llore ni sienta pena/Que yo me voy con María [sic]. (Despedida de ángel, 224).

Daniel Meneses por su parte, hará énfasis en esta idea de que el velorio debe ser de celebración, puesto que su alma es salva. Así señalará:

Adiós, mi madre querida,/Ya se le va su hijo amado;
No llore ni tenga pena/que voi a ser perdonado [sic]. (Versos a lo divino. Despedida de angelito: 225).

Y José Ortiz esgrime como argumento la intercesión que hará el angelito en el cielo por su madre:

Adiós pues, madre querida,/ ya se le va su hijo amado
No llore ni tenga pena/que un día vendrá a mi lado (Despedimento: 226).

Pero, ¿por qué la muerte de un niño pequeño es motivo de celebración y regocijo para el pueblo? ¿Qué significación tienen todas estas argumentaciones que el niño hace frente a sus padres en la voz del intérprete para que no lloren su partida? ¿Cuál es el mito que sustenta un rito tan profundo en su dimensión estética y antropológica? y ¿cuál el desequilibrio simbólico que el rito pretende subsanar?

Una tesis provocadora es la que plantea Gabriel Salazar en su importante trabajo *Ser niño huacho en la historia de Chile*, situando su estudio precisamente en el siglo XIX. En el trabajo, Salazar asume la voz del huacho chileno para analizar social y culturalmente los fundamentos de esta categoría identitaria. Para el autor, el rito del velorio del angelito en pleno siglo XIX, en que el proletario estaba condenado a la más profunda miseria, respondía a un alivio tanto para los padres como para el niño, que de otra manera habría tenido que sufrir los embates de la más cruda pobreza y miseria: "¡De más valía un niño muerto y en el reino de los cielos que vivo, hambriento y estorbándolos [a sus padres] en este valle de lágrimas!" (Salazar: 40).

Esta dura tesis se ve reforzada si estudiamos una de las tonadas a lo divino del poeta popular Rolak. En efecto, y en esta misma línea argumentativa, el poeta dice:

Crece el hombre malamente,/arrastrando su cadena
Por eso no causa pena/ver morir a un inocente (A lo divino. Tonada de angelito: 225)

Y más tarde plantea un cuadro del destino de los niños chilenos pobres del siglo XIX, que resulta muy parecido a lo descrito por Salazar. Rolak anota:

Crece y de azotes le dan/Extraños, padres y amigos,
Si de frío pide abrigos, /Si de hambre pide pan;
Nadie ofrece su gabán, /Del pobre nadie se apena,
Hasta que su alma se llena/De clamor en balde al Cielo,
Roba i mata i alza el vuelo, /Arrastrando su cadena [sic]. (A lo divino.
Tonada de angelito: 225).

Su destino será la cárcel o la miseria extrema, por eso:

Bienvenido sea el ser/que solo deja en el mundo,
La existencia de un segundo/cuando le toca nacer,
Ignorando el padecer/i limpia i pura la frente,
Como cristal trasparente, /irá derecho a la gloria.
No es pues una triste historia/ver morir a un inocente [sic]. (A lo divino.
Tonada de angelito: 225).

Cabe destacar que no hemos encontrado más liras de canto por angelito que toquen este mismo tema. No obstante, creemos que la poesía de Rolak viene a dar un fuerte espaldarazo a la propuesta de Salazar. Leídos así, los cantos de despedida de angelito resultan iluminadores en cuanto al desequilibrio social y de clase vividos durante el siglo XIX. Pero creemos que este análisis no alcanza a representar la profundidad estética y antropológica que encarnan estas composiciones rituales y, por cierto, no responde nuestra pregunta en torno a la razón profunda que sustenta la fiesta en este rito. En efecto, la fiesta en el velorio de angelito no es una celebración espuria, no se explica solo por festejar una muerte más conveniente que la vida para una clase social. Para contribuir en este gesto hermenéutico, se intentará desentrañar el mito que existe por detrás de este rito.

Un mito es una metáfora, un entre, signo en tensión, que más que mentira, expresa verdad. Una verdad tan honda, que las simples palabras referenciales se quedan mudas. Y se hace necesaria la emergencia de un nuevo lenguaje, más poético, un lenguaje flotante, tanto como la omnipotencia de lo que se quiere nombrar. Y es que nadie puede pensar que es fácil definir lo divino. Para revelar el ser, es necesaria la poesía. Y el mito es poesía. Mediante el mito se pretende definir el ser del universo. Teniendo presente esto y no abandonando del todo la propuesta de Salazar, podemos establecer que el desequilibrio que el rito de angelito intenta ordenar es la dura realidad vivida por la clase obrera durante todo el siglo XIX. Recordemos que la categoría "huacho" se asentó y fijó en esa época, llegando a constituir incluso motivo de preocupación para las políticas oficiales.

De la misma manera, la clase hegemónica dominante fue vista por parte del pueblo como la causante de grandes abusos contra las clases populares. La Iglesia católica fue asimilada a los futres, principalmente por la sintonía de los intereses de esta con los de la oligarquía chilena. En palabras del investigador Maximiliano Salinas: "Las clases populares, progresivamente, fueron abandonando la religión oficial, sostenedora de una política de esta índole" (19). Dando espacio así para el afianzamiento de una religiosidad popular, que entre otras cosas manifestaba esta clase de ritos de paso llenos de excesos alternados de las más serias ceremonias.

El poeta Pascual Salinas expresaría así el dolor de la realidad histórica de la clase proletaria chilena:

La Virgen plantó una flor/en los jardines del cielo
le dio agua para el riego/sol y luz para el calor.
Se la presentó al Señor/con alma pura y serena
pero Dios tuvo gran pena/el día que floreció
porque la flor se tiñó/de roja sangre chilena (Virgen María: 197).

Esto ya nos da pistas acerca de lo que el mito, como metalenguaje, intenta sanar. Es en el cielo donde crece la flor que sangra por el dolor del pueblo chileno. Una conexión que existe con un lugar mítico que es visto por el imaginario popular como un lugar idílico donde no hay penas, sufrimientos ni abusos. El cielo es descrito por El Loro, un poeta popular, con:

Oro puro i pedrería/felicidad i consuelo
nunca noche i siempre día/es la descripción del cielo [sic]. (Descripción
del cielo: 230).

El cielo para el chileno popular del siglo XIX será aquel lugar donde no haya diferencias tan abismales como las del Chile histórico. Ese lugar es una especie de correlato del campo chileno, pero a diferencia de este, en el cielo no se van a producir injusticias ni abusos. En el cielo, por ejemplo trillan a la usanza del hombre de campo, pero el fruto de esta trilla es distinto al de la tierra:

> *En el cielo están trillando/un trigo que es un tesoro*
> *las espigas de diamante/y los granitos son de oro* (Manuel Jesús Bustamante,
> La trilla del cielo: 231).

También el cielo es el lugar propicio para la fiesta. Hasta los santos festejan y bailan tal como lo hacen los campesinos en el rito de velorio de angelito en su intento de actualizar el mito.

> *Nuestra madre Carmelita/fue la reina de la fiesta*
> *le bailaron una cueca/San Ciriaco y Santa Rita*
> *Al fin ella los invita/a servirse un trago e vino*
> *qué prefieren blanco o tinto/dice a todos San Simón*
> *y disputan el campeón/San José y San Saturnino* (Moisés Jorquera, Rodeo
> en el cielo: 231).

Así, queda planteada nuestra tesis en torno a la razón de ser de este rito. Es festivo el velorio de angelito, porque el cielo, en *in illo tempore*, es una constante fiesta. El mito de una tierra justa donde los órdenes se inviertan es lo que opera en estos ritos de paso. Un sentimiento estético-antropológico profundo sustenta el ritual del velorio festivo. Como señala Sepúlveda: "En la fiesta nuestra piel recibe la interpelación del mundo de lo humano y lo divino" (Fiesta y Vida: 94).

El velorio se da con un afán carnavalesco, pues se espera utópicamente que el orden social y económico de dominación se invierta. Es por esto que se vive el rito. Es por esto que no se puede llorar. Revivir el mito de la tierra sin sufrimientos, se hace actualizando el constante jolgorio, que en el cielo se vive, porque en el siglo XIX, al decir de Salinas: "La conciencia carnavalesca era, de un modo significativo, el triunfo de la infancia y de la animalidad primordial, de los débiles e incapaces, por sobre la *civilitas* del sistema de dominación" (Salinas: 140).

Asimismo, en el velorio de angelito se entroniza al niño cuyo destino inminente habría sido ser parte de los "huachos" del período, de no haber muerto. En el ritual, el orden se invierte y el niño pasa a ser el personaje más connotado dentro de la comunidad. Al igual que Cristo (símbolo que entraña la lógica del carnaval bajtiano), el niño vino a la tierra a vivir entre los miserables, pero su ascenso al cielo es en medio de gloria, destajo y abundancia.

Usando y quizá abusando del paradigma estético de Sepúlveda, podemos establecer que el rito está conformado por "escrituras de instantes en que arden astillas de eternidad", en el *illo tempore* del rito se actualizaría la belleza y la vinculación con lo trascendente. En este tiempo mítico que se revive en el rito emerge el ser de las cosas: de lo humano y lo divino.

Por eso, se canta y baila, se come y se bebe. En el acontecimiento de la fiesta, se revela el ser en un tiempo-espacio sagrado. El rito de velorio de angelito es la "búsqueda por encarnar el habitar perdido *in illo tempore*". Lectura estética y antropológica de un arte-vida, de la vida como vínculo con lo divino.

Al menos para quien escribe esto, era una necesidad generar una lectura como la propuesta, lectura que es siempre también elaboración y, por ende, no está cerrada. Pero intentamos complementar la tesis de Salazar, lo hemos hecho porque creemos profundamente en lo que dice Adolfo Colombres, en torno a que: "La verdad no es sólo una propiedad de los acontecimientos: también el imaginario social la expresa. Todo mito es la condensación histórica de una verdad, un paradigma que se vivencia" (9).

De esta manera, la celebración de la muerte es, en realidad, la celebración de la vida, la verdadera vida, la vida justa, la vida divina, del jolgorio, de la celebración, del comer y beber "sin que se note pobreza", puesto que en el cielo la pobreza no existe. Así, como siempre sabiamente aconsejó –Fidel Sepúlveda–: "Importa, para auscultar el sentido de la vida de un pueblo, el auscultar el sentido de la muerte." (El canto a lo poeta: 51).

BIBLIOGRAFÍA

Celdrán Gomáriz, Pancracio: *Creencias populares (costumbres, manías y rarezas: con su explicación, historia y origen)*. Ediciones Mateos. Madrid, España, 2000.

Colombres, Adolfo. Marco teórico para el abordaje y desarrollo de la tradición oral y la literatura popular de nuestra América, Instituto Andino de Artes Populares (IADAP), Quito, Ecuador, 2005. Material no publicado.

Paramio, Ludolfo. Mito e ideología, Madrid: Alberto Corazón, 1971.

Parra, Violeta. Décimas. Autobiografía en verso. Presentadas por Pablo Neruda, Nicanor Parra y Pablo de Rokha. Editorial Sudamericana, Santiago de Chile,: 1998. Tercera edición, febrero 2008.

Salazar V., Gabriel. Ser niño huacho en la historia de Chile (siglo XIX), Proposiciones "Chile Historia y Bajo Pueblo", 19 (1990), 55-83 En: http://www.archivochile.com/ Ideas_Autores/salazarvg/salazarvg0003.pdf, página 12 [16 de julio 2010]

Salinas Campos, Maximiliano. *Canto a lo divino y religión popular en Chile hacia 1900.* Lom Ediciones. Segunda edición: 2005. Publicado como tesis doctoral por la Universidad Pontificia de Salamanca, 1991. Santiago de Chile, 2005.

Sepúlveda Llanos, Fidel. Muerte-Vida en el pueblo chileno. Revista *Patrimonio Cultural*, N° 35, Año X, otoño 2005, Dibam. En:http://www.dibam.cl/patrimonio_cultural/ patrimonio_lamuerte/art_muerte.htm [Consultado el 16 de junio de 2010]

___. Fiesta y vida, Revista *Aisthesis* N° 38 (2005): 92-98. ISSN 0568-3939. Pontificia Universidad Católica de Chile.

___. De la raíz a los frutos. Literatura tradicional, fuente de identidad. Dirección de Bibliotecas, Archivos y Museos. Santiago de Chile, 2004.

___. El canto a lo poeta: a lo divino y a lo humano: estudio. Análisis estético antropológico y antología fundamental. Ediciones Universidad Católica de Chile. Santiago de Chile, 2008.

LA APROPIACIÓN DEL INDÍGENA: SOCIEDAD MAGALLÁNICA Y COLONIALIDAD

Pablo Vargas Rojas

Se trataba de una mezcla racial de patago-
nes con fueguinos; el engendro era mise-
rable. Las sangres puras, aun en las razas
más inferiores del ser humano, pueden
ofrecer algún individuo presentable. Pero
mézclense blancos, negros e indios entre sí y
se obtendrá el mulato, el mestizo, el zambo,
gestaciones denigrantes de la especie.

Armando Braun Menéndez,
Pequeña historia magallánica.

Fotografía: Miguel Vargas R.

En 1928, en la actual isla Diego de Almagro[1] se encontró a dos hombres muertos debido a un probable enfrentamiento, uno de ellos era chilote y el segundo un indígena kawéskar. Se supuso una pelea instigada por el alcohol y acaso la intención de robo. Ambos cuerpos fueron identificados con nombre y apellido, tras lo cual se ordenó su

---

[1]   Ex isla Cambridge, Región de Magallanes y Antártica Chilena.

37

traslado a Punta Arenas y la inhumación en el cementerio de dicha ciudad. Finalmente, fueron enterrados en una fosa común y se olvidó el asunto.[2]

Con los años la tumba del indio se transformó en animita y el kawéskar, de un posible alcohólico, ladrón o asesino, pasó a ser un sujeto milagroso, al borde de la santidad. Sintomático resulta que el indígena, cuyo nombre chileno era Pedro Zambras, pasara a ser llamado el Indiecito Desconocido.

En la década del sesenta, una descendiente de inmigrantes europeos, después depedir algo al Indiecito consideró que este había realizado un "milagro", hecho por el cual mandó a construir una tumba monumental en un lugar destacado del cementerio; se compró el terreno y se construyó ahí, además, una escultura con la ayuda de la Armada y la Cruz Roja. Cuando se procedió a cambiar el cuerpo desde la fosa común hasta el nuevo lugar, se reparó en que no había un cadáver, sino dos. Ante el estupor y la ignorancia sobre qué cuerpo correspondía al kawéskar, se optó por trasladar a ambos al monumento. En los años ochenta, la tumba-monumento se cambió nuevamente a un lugar más adecuado para la instalación de velas y placas de agradecimiento. Hoy el sitio es conocido –con variantes: tumba, animita; indio, indiecito– como la Tumba del Indiecito Desconocido, lo que evidencia la persistencia del olvido del crimen en que se vio envuelto Zambras y la omisión, no menor, del chilote que comparte su lecho de muerte: David Leal.

Frente al olvido-silencio anteriormente referido, vinculado a la santificación del indígena, la cual –a su vez– pasa por introducirlo al anonimato, hacerlo desconocido, así como nominarlo indiecito, y no kawéskar, es que me propongo investigar las posibles razones histórico-culturales que enmarcan este proceso y que, pienso, dan cuenta de una apropiación-construcción del indígena por parte de la sociedad magallánica del siglo pasado. Proceso que remite al indígena a una otredad radical, superior (de ahí que el cadáver sea de un desconocido y sea milagroso) y pretérita o pura (de ahí la escultura que representa a un indígena no civilizado, es decir, sin vestimenta occidental). Situación que se puede leer desde las lógicas de la colonialidad,[3] en donde el

---

[2] Posteriormente se han levantado diversas hipótesis para explicar lo sucedido. Sigo la versión de Oreste Plath (2000), quien la habría tomado de una investigación publicada en el diario *El Magallanes* en 1984. Otra versión es la del reportaje "La historia del indio desconocido. Lo que todo magallánicos debe saber I", de Radio Polar, que sitúa el hecho a principios de la década del cuarenta, lo cual no cuestiona las hipótesis centrales de mi trabajo, sino que las refuerza, dado lo tardío de los acontecimientos.

[3] Cfr. Walter Mignolo (55-88).

indígena, en tanto muerto, es mudo, silenciado, pero santo en su condición de puro. Lo cual, de manera evidente, echa un manto sobre los indígenas supervivientes, específicamente, kawéskar, hasta hoy y crea un pasado legendario que nutre cierto discurso regionalista beneficioso para el turismo.[4]

Pureza y extinción

Desde la etnografía-antropología se instaló durante el siglo XX la idea de la pureza de los indígenas fueguinos,[5] la cual los ve como objeto de estudio privilegiado, puesto que tal pureza da cuenta no solo de una cultura sino, incluso, de un cuerpo otro distinto radicalmente de la sociedad occidental. En esta línea es notable el proyecto argumental de Martín Gusinde, quien propone que el aislamiento de los fueguinos, así como la supuesta conservación invariable en el tiempo de su modo de vida primitivo, los acerca al primer hombre-mujer de la Creación y, por tanto, a una religiosidad mucho más cercana a Dios (también en Beauvoir), particularmente, para el caso de los selk'nam,[6] y en cuanto a moralidad ideal se trata, de los yámanas (Gusinde).[7] Si bien es cierto este discurso inicial de los sacerdotes está mediado por la religión católica,[8] su núcleo central –que ve a los llamados fueguinos como reservorio de una cultura no contaminada y, por lo tanto, alternativa a la cultura occidental moderna– no se pierde en investigadores posteriores como Emperaire o Chapman. Esto aúna a todos en un esfuerzo urgente por dar a conocer estas culturas siempre a punto de desaparecer de modo.[9]

---

[4] La apropiación de lo indígena, mediante idealización, como plataforma discursiva de grupos no indígenas para levantar un programa criollo o nacionalista, ha sido estudiada en otros contextos por Hans-Joachim König (745-767) y por Cecilia Méndez (2000).

[5] Selk'nam, yámanas y kawéskar principalmente; cfr. Martín Gusinde, José María Beauvoir, Joseph Emperaire, Anne Chapman. A propósito, me parece que el término fueguino corresponde a una clasificación colonial; en efecto, el concepto, que remite a Magallanes (Pigafetta mediante), generaliza a grupos indígenas que, si bien tuvieron contactos entre sí, eran diferentes, lo que además de ocultar particularidades, representa un acto de dominación, en tanto desplaza la auto-nominación de los pueblos originarios por la nueva nominación eurocéntrica. El concepto de fueguino responde a lo que el europeo (Magallanes-Pigafetta) vio en su paso por el estrechoy semánticamente está asociado a lo primitivo. Ver Antonio Pigafetta.

[6] Coiazzi discreparía de Gusinde; al menos como lo establece Carlos Vega Delgado. Cfr. Coiazzi (5).

[7] Ver también: Sergio Lausic (14-15).

[8] Y de la anglicana para el caso de los trabajos de Tomas Bridges y su hijo Lukas.

[9] Para Gusinde, a principios del siglo xx, esta era la situación; en Emperaire y Chapman, casi cincuenta años después, el discurso es similar.

Figura 2: Fotografía de kawéskar tomada hacia 1881 en los llamados Zoológicos Humanos de Paris. Es destacable que en esta escenificación, tanto la vestimenta como las armas y el fondo de vegetación, aludan precisamente a los indígenas "puros" precisamente en un contexto artificial de exposición al público europeo. Fuente: http://www.lanacion.cl/prontus_noticias_v2/site/artic/20080612/pags/20080612213245.html

Figura 3: Fotografía de kawéskar de principios de Siglo XX en los canales patagónicos. Fuente: Báez, 2003.

El discurso de la pureza, que conlleva indefensión, inocencia, fragilidad, aparece como contrapartida de la imagen construida desde siglos por diversos navegantes y científicos europeos que señalaban a los indígenas patagónicos como los más atrasados del mundo, no exentos de canibalismo y estupidez. Esta lectura del sujeto inferior tiene su correlato americano en Sarmiento y su máximo aval en Darwin. Sobre este último, es notable que los sacerdotes se ocupen de manera constante de invalidar la teoría de la evolución y de la selección natural de las especies, así como los juicios sobre los indígenas patagónicos del naturalista inglés (Coiazzi: 48 y 106; De Agostini: 301; Gusinde: 23-34).

El problema de la pureza sería concomitante al de la extinción. Una pureza extinta que puede verse como el origen perdido o a punto de perderse. Y si la extinción definitiva es un diagnóstico irreversible, la causa de la misma también: la expansión de la sociedad occidental que provocó la aniquilación física directa, mediante el asesinato; o indirecta, a través de la transmisión de enfermedades, así como la aniquilación cultural debida a la asimilación o mestizaje.[10]

---

[10] Para el caso kawéskar cabe citar a Gusinde: "La [causa] principal de la rápida disminución de población ha sido la persecución directa y la destrucción organizada que han llevado a cabo los hombres blancos sin conciencia. Para los marineros de cierta línea de navegación constituía un deporte muy natural disparar sus fusiles a las canoas de maderas. Algunas tripulaciones tomaban como blanco para sus ejercicios de tiro de los cañones de los buques el humo que salía de sus cabañas" (125-126). De Agostini puntualiza: "La sangre de estos indígenas, simple, pura, no se hallaba inmunizada como la de los civilizados a través de muchos siglos de permanente lucha contra los gérmenes, bacilos y microbios de muchas enfermedades, y sucumbió con toda facilidad al primer contacto con los blancos./ Nuestro modo de vestir, de comer y vivir entre las paredes de una casa debilitó su organismo acostumbrado a una vida al aire libre, expuesta a todas las intemperies de un clima constantemente frío y rígido./ Los primeros que sufrieron el pernicioso influjo de los civilizados fueron los yámanas y los alacalufes, que vivían en los canales donde era más frecuente el paso de naves de tráfico comercial./ De ellos contrajeron numerosas enfermedades, como la tuberculosis, el sarampión y la escarlatina, que causaron espantosa mortandad; de ellos aprendieron el abuso de los licores que quebrantaron su robusta fibra y fomentaron en ellos otros muchos vicios que hicieron bajar aún más su escaso nivel moral./ Aventureros de la peor ralea, buscadores de oro y loberos cometieron impunemente acciones nefandas contra estos infelices e indefensos indios a los que remataban después bárbaramente a tiros" (295). Para Emperaire, a mediados del XX, "esta minoría [...] está a punto de perder su unidad étnica por la muerte de los más y la asimilación definitiva de los sobrevivientes" (16). Y más adelante señala: "Si se hace el balance de las causas de la desaparición de los alacalufes introducidas por la llegada de los blancos, se encuentran algunos factores secundarios —tabaco, alcohol, vestuario, enfermedades pulmonares y dos factores esenciales: sífilis y emigración./ [...] Hay varias maneras de desaparecer del mapa de los pueblos vivientes. La desaparición puede efectuarse por fusión

De lo anterior se desprende que la referida pureza fue socavada no solo por los colonizadores europeos, sino también por los propios religiosos y su proyecto evangelizador-civilizatorio.[11] Además, debe mencionarse a los chilotes en su condición de mestizos asimilados[12] total o parcialmente a la vida occidental, puesto que al interactuar con los indígenas, habrían terminado con la pretendida pureza.

Olvido, encubrimiento y apropiación

El proceso de olvidar el nombre cristiano de Pedro Zambras va de la mano con el de la construcción de la escultura en su homenaje, la cual presenta a un indígena cubierto solo con un taparrabo, exhibiendo un cuerpo lozano, de formas redondeadas y rostro apacible. La ausencia de vestimentas occidentales, y su contextura física, apelan a la pureza idealizada del indígena[13]. Sin embargo, si recurrimos a la fecha posible del encuentro-enfrentamiento de Zambras con el chilote Leal, podemos conjeturar que el kawéskar tuvo alguna relación con los misioneros (de ahí su nombre cristiano). Además, debemos considerar que este grupo indígena mantuvo contacto espaciado pero constante con los occidentales desde el siglo XVI, puesto que la ruta de navegación Pacífico-Atlántico ocupaba su territorio. Es así que de forma temprana los kawéskar intercambiaron sus productos (pieles principalmente) por vidrios, adornos, vestimentas (o desechos de ellas), alimentos variados, aguardiente y tabaco (además del intercambio sexual, forzado o no) que diversos navegantes les ofrecían a cambio, además de buscar que subieran abordo para poder contemplar el raro espectáculo de tener a un salvaje cerca,[14] todo

---

con los grupos invasores, o por extinción. Los alacalufes conocieron y conocen los dos procesos, que actúan independientemente, pero cuyos efectos se adicionan" (122-123).

[11] Emperaire (108-109) es claro, directo y convincente al argumentar en este sentido. Ver también Arratia M. y Lausic, S (49); en este último, además, se hace hincapié en la responsabilidad por omisión y negligencia de los estados de Chile y Argentina en la muerte de los indígenas y la impotencia del trabajo misional. Osvaldo Wegmann también aborda este tema en su novela *La última canoa*. Sobre la posición de los sacerdotes salesianos respecto de este tema, ver el trabajo de María Andrea Nicoletti.

[12] Este término es usado por Emperaire; ver supra nota 11.

[13] Gusinde es, tal vez, el primero en asociar positivamente rasgos físicos con rasgos espirituales en los fueguinos. Para la crítica negativa al uso de vestuario occidental en los indígenas, ver supra, nota 11.

[14] Sobre este último aspecto, confróntese Gusinde (86). En cuanto a la relación de los kawéskar con las embarcaciones occidentales, también puede consultarse a Francisco Coloane (98).

lo cual se acentuó a fines del XIX con el comercio internacional de pieles. Pero esto no quiere decir que los kawéskar hayan asimilado o incorporado pasivamente las novedades del *hombre blanco*. De hecho, la historia del Capitán Antonio (Coiazzi: 115) y de Lautaro Edén Wellington (Emperaire: 125-130) dan cuenta de cierta reticencia a adoptar las normas culturales que imponía la evangelización, primero, y la chilenización, después. Solo quiero advertir que en 1928 y, más aún si seguimos la versión que sitúa los hechos en 1940, resulta cuestionable que existan –como norma general– indígenas puros tal como lo sugiere la escultura de la tumba,[15] y el olvido del nombre de Pedro Zambras. De hecho, las descripciones de la época y el registro visual presentan a seres humanos en un estado de miseria crónica, subalimentados, alcohólicos y que mendigando, obtenían vestimenta y objetos de la tripulación o de los pasajeros de los barcos a los cuales subían.[16]

Entonces, el indio es desconocido porque precisamente responde a un indígena genérico y extinto, cuya pureza o vida original nunca llegó a conocerse con certeza, puesto que las diversas observaciones o estudios recogidos por el occidental siempre se hicieron bajo el signo de una extinción en proceso. Pero, además, esto apunta a la desvaloración del mestizaje, biológico y cultural,[17] que incluye abiertas lamentaciones, por parte de Gusinde o Emperaire, hasta el despectivo –y yo diría fascista– rechazo de

---

Para un análisis de la relación entre kawéskar y la navegación occidental desde el punto de vista del registro visual, ver Cristian Báez Allende (132-142).

[15] Y si esto hubiera sido posible, debemos convenir en que es solo una de las posibilidades representacionales de la apariencia física y vestimenta; la elección de una en específico es lo que me parece relevante. Además, puedo argumentar, con Coiazzi, que para 1915 algunos kawéskar ya habían incorporado el metal ("aros de barrica, restos de naufragio arrojados a la playa" e "instrumento de carpintero de los que se usan en la misión", (118) para la construcción de sus canoas; Emperaire señala que "en las cercanías de 1900 y en los años posteriores, contactos continuados con chilotes o blancos que, como se supondrá, no representaban a la flor de la civilización, introdujeron toda una serie de cambios en la vida tradicional de los indios de los archipiélagos" (123).

[16] Ver supra, nota 15.

[17] En lo personal, es el mestizaje sociocultural el que me interesa en este trabajo, puesto que la posición que adoptan los diversos autores estudiados frente a este fenómeno es fundamental para entender la Tumba del Indio Desconocido. Apunto el mestizaje biológico, ya que es tópico recurrente en los textos referidos a los fueguinos, visto de manera unánime como negativo. Por otro lado, me parece que para autores como Gusinde o Emperaire, el concepto de transculturación sería irrelevante, pues ellos buscan supuestos indígenas puros y desechan o condenan todo intercambio o influencia de una cultura externa. Para Emperaire, el concepto de mestizaje resulta incómodo, puesto que piensa de formaconstante en asimilación y no en mezcla.

Braun Menéndez que encabeza este trabajo,[18] todo lo cual puede ser calificado de racismo. Esto explica la invisibilización-anulación del chilote David Leal, ya que este puede perfectamente incluirse en la categoría de mestizo, o proveniente de una cultura mestiza.[19]

Según lo anterior, se puede afirmar que la transformación de una fosa común en animita está atravesada por una apropiación del indígena en términos genéricos a fin de fortalecer la construcción de un sujeto extinto, premoderno y puro (no occidentalizado) que se articula, a su vez, con la producción de un imaginario que arranca desde principios del siglo XX y se arraiga profundamente en la Patagonia meridional. Zambras, el indígena real, sería una excusa para su transformación en desconocido y de ahí que el chilote sea ignorado.

Por último, se debe recordar que las historias que buscan explicar el origen del Indiecito son todas posteriores a la construcción de la estatua, es decir, después de 1969,[20] articuladas por descendientes de inmigrantes, lo que da cuenta de un discurso retrospectivo que busca representar su pasado. Además, se debe considerar que el monumento en cuestión fue supuestamente –construido a base de una –también supuesta– fotografía de un kawéskar facilitada por Osvaldo Wegman Hansen,[21] autor de la novela *La última canoa*, publicada en 1976, en la cual el paradigma de la pureza –carácter primitivo y extinción de dicha etnia es central.[22]

---

[18]   Armando Braun Menéndez (64).

[19]   Emperaire señala a los chilotes como resultantes de la cultura española e indígena, "más o menos mestizos" (86-97). Sin embargo, en la página 143, señala que "prácticamente, ninguna infiltración blanca se ha producido entre las poblaciones chilotas, ni entre los alacalufes"; claro que acá se refiere a la mezcla sanguínea o mestizaje biológico. La preocupación de Emperaire es, sobre todo, referente a la "asimilación" o al mestizaje sociocultural, de ahí su atención a los chilotes, en tanto grupo asimilado que representa la mayor amenaza para la pureza cultural kawéskar.

[20]   Fecha que coincide de modo curioso con la cuarta edición del citado texto de Braun y con una particular valoración de lo indígena por parte de la izquierda de la época.

[21]   Cfr. Oreste Plath. Sobre el uso del material fotográfico de principios de siglo, referente a los indígenas fueguinos, consultar al citado trabajo de Báez, y los presentados en el Simposio "La ventana indiscreta: reflexiones en antropología visual" de 2004, publicados en la Revista Chilena de Antropología Visual.

[22]   Que la escultura replique de modo fiel una fotografía específica llama la atención, dado el importante material visual sobre los kawéskar de principios de siglo; curiosamente algunas de las pocas fotografías que se aproximan al estereotipo del indígena en estado de pureza son de forma paradójica las que muestran a un grupo de kawéskar en los llamados "zoológicos humanos de París. Cfr. Báez, C. y Mason, P.

Crímenes e inculpados

El llamado genocidio indígena (Martinic: 732), producido en la Patagonia austral, tiene autores identificados. Sacerdotes, como Gusinde y De Agostini, señalaron desde inicios de la década de 1920, que algunos inmigrantes europeos, la industria ganadera, peletera o aurífera fueron los culpables directos de los asesinatos de un sinnúmero de indígenas, de modo particular en Tierra del Fuego. Sin embargo, en algunos de estos autores, especialmente, en Gusinde, se puede vislumbrar que las reducciones misionales no estuvieron exentas de responsabilidad en el rápido declive demográfico de la población aborigen. El cambio cultural buscado por los salesianos que, entre otras cosas, imponía vestimentas occidentales, modificaba hábitos alimenticios, obligaba al sedentarismo, enseñaba oficios y concentraba en un solo lugar a un gran número de personas –facilitando la transmisión de enfermedades–, aceleró la mortandad de casi la totalidad de las personas que tuvieron a su cargo. Debido a esta situación, varios estudiosos del tema, –entre ellos, Arratia y Lausic, Nicoletti y Emperaire– cuestionan la labor misionera. Además, en el mismo Gusinde, se aprecia un reproche a los Estados de Chile y Argentina (Arratia y Lausic también remarcan esto), en tanto sus políticas –o ausencia de estas– facilitaron la muerte masiva de indígenas.[23] Al momento de señalar culpables, tanto los estancieros, los sacerdotes y los Estados mencionados, comparten responsabilidades en los hechos acá comentados, los cuales tienen en común el discurso progresista y nacionalista en tierras patagónicas.[24] En efecto, la expansión territorial de Chile y Argentina en la Patagonia, así como la propiciación de su explotación económica unido al impulso de procesos migratorios para desarrollar la zona (Martinic; Lausic), constituyen elementos de un discurso general que todos los involucrados comparten. Discurso en el que los pueblos originarios no tenían cabida, no al menos en su estado de pureza, de ahí que fuese necesario chilenizarlos, occidentalizarlos o civilizarlos.

Pero hay otro imputado en este asesinato masivo que el Indio Desconocido vendría a señalar, ya que Emperaire (86-87 y 102-104), Martinic (76-77) y Coloane (387-410) declaran que los cazadores de animales con valor peletero, cazadores cuyo origen era muchas veces chilote, atropellaron derechos humanos y ancestrales de los indígenas, particularmente, kawéskar. La tesis

---

[23]   Ver supra nota 12.

[24]   Sobre el discurso progresista y el problema de la chilenidad en los salesianos, ver Arratia y Lausic.

central estriba en que dichos cazadores, a partir del archipiélago de Chiloé y Punta Arenas, desarrollaron excursiones por los canales patagónicos, es decir, en territorio kawéskar, e introdujeron en él aguardiente, enfermedades venéreas y otros elementos supuestamente extraños a su cultura deteriorándola y exterminándola. Además, de los eventuales asesinatos, que suponemos, que pudieron cometer. Este papel negativo expuesto por estos investigadores parece fundamental para explicar el olvido del "chilote" David Leal.[25]

Pero lo señalado hasta acá, en cuanto a los chilotes se refiere, no es todo. La presencia de inmigrantes de Chiloé contrastaba con la de inmigrantes europeos –de manera particular los que ocupaban ciertas posiciones de poder en los centros laborales– y la mirada despectiva hacia aquellos no fue inusual. Esto es lo que se recoge del siguiente texto: "El trato que dan a los trabajadores los capataces y demás empleados superiores es autoritario, humillante, sobre todo para los chilenos a quienes creen afrentar llamándoles chilotes, esto es, según ellos, indios" (Vega:25).[26] Esta carga negativa que adopta en Magallanes la palabra chilote es la que pudo llevar al historiador Sergio Lausic a preferir el gentilicio chiloense, lo que evidencia la persistencia de la mirada despectiva hacia los chilotes en general[27] y que los sitúa, y a David Leal en particular, en un incómodo lugar al que hay que, literalmente, echarle tierra.

La población chilota en Magallanes, además, no solo incomodó a ciertos sectores por lo antes indicado. Los chilotes vinieron a surtir de mano de obra nada o muy poco calificada a la floreciente actividad industrial exportadora de la Patagonia a fines del siglo XIX y principios del XX, y pasaron de ser pequeños agricultores, pescadores o mariscadores a obreros o peones de estancia,

---

[25]   Complementando esto, debo señalar que la caza de nutrias o lobos marinos por parte de chilotes y hombres de otras procedencias se enmarca en el mismo proceso de extracción extensiva de recursos naturales concomitante a la ocupación de la Patagonia, vinculado a la demanda de la industria peletera europea del siglo XIX y primera década del XX. En este contexto, los cazadores no eran sino la primera línea en una ofensiva económica e ideológica por ocupar los territorios patagónicos, marginando a sus habitantes ancestrales; primera línea que no necesariamente se llevó las mayores ganancias. Esto se puede desprender de cuentos como "Cabo de Hornos" o "Rumbo a Puerto Edén", de Francisco Coloane (17 y 387).

[26]   Gregorio Iriarte: *La organización obrera en Magallanes*. Citado por Carlos Vega Delgado. Claramente la palabra indio acá es usada bajo la connotación negativa contra la cual se opuso el discurso religioso de la pureza, bondad y capacidad intelectual del indígena.

[27]   Sobre cómo el término chilote lleva una carga despectiva en la Patagonia argentina y su vinculación con la clase obrera, adscripción étnica indígena y mestizaje, ver Mariela Eva Rodríguez. Me parece que su lectura, sobre cómo son vistos los chilotes en el lado argentino, es aplicable en gran medida para el lado patagónico chileno.

constituyéndose como la mayoría del movimiento trabajador organizado (Rodríguez; Lausic). Este movimiento, nutrido también por migrantes europeos, formó poderosas y disciplinadas organizaciones obreras, abrazó las corrientes anarquistas, socialistas y anticlericales, y realizó numerosas manifestaciones y huelgas en Chile y Argentina. Esto llevó a represiones intensas por parte de las autoridades para salvaguardar el orden y la seguridad de los poderosos grupos económicos (Lausic; Vega).[28]

Pero el movimiento obrero no solo enfrentó a los grupos económicos y los aparatos represivos del Estado, sino que también mantuvo disputas con la Iglesia debido a su anticlericalismo y desconfianza hacia esta, ya que se tendía al margen de los conflictos e incluso era sospechosa de cooperar con la represión (Arratia y Lausic).

Según lo anterior, y a pesar de que los chilotes han sido hasta hoy fundamentales en la conformación de la sociedad magallánica, no es extraño que David Leal haya sido ocultado o ignorado tras el Indio Desconocido, puesto que a su supuesto componente indígena, en tanto chilote, se superpuso su condición de migrante no europeo, obrero y, en definitiva, de mestizo (que a estas alturas es sinónimo de conflictivo).[29]

Conclusiones

La construcción de un estereotipo indígena para los pueblos de la Patagonia y Tierra del Fuego, por parte de algunos sacerdotes, se enfrentó a fines del siglo XIX y principios del XX con una larga tradición de inferiorización de lo americano por parte de cierto discurso eurocéntrico (Gerbi; Dussel; Padgen) y que, parafraseando a O'Gorman (1986), para el caso de la América meridional, correspondería a la invención del indígena. Este proceso conlleva un acto de poder, pues corresponde a una apropiación discursiva que lo nombra y lo representa como un otro distinto y subordinado, situación que se ve reforzada por el discurso protector y paternalista de los misioneros salesianos y de algunos investigadores como Gusinde y Emperaire. Los que a pesar de cuestionar la

---

[28]   Ver también Osvaldo Bayer. Es en este contexto que debe situarse el cuento "De cómo murió el chilote Otey", de Francisco Coloane (360) que, además de reflotar la masacre de cientos de obreros en la Patagonia argentina por parte de las autoridades de ese país, reivindica la presencia chilota desde una perspectiva obrera.

[29]   Y, como recuerda Mariela Rodríguez, esta relación de rechazo hacia la mezcla con lo indígena está en la base de las tesis sarmientinas que reivindican al migrante europeo.

civilización occidental, se aproximan a los indígenas bajo una mirada colonial para definir al otro. Es por esto que la búsqueda del indígena puro, a punto de extinguirse, no está exenta de idealización y, esta, más que hablarnos de las personas estudiadas, muestra aquello que se rechaza. Si bien es cierto que este discurso reivindicativo es loable, ya que implica la defensa de derechos humanos y ancestrales, también es cierto que este va más dirigido al pasado que al tiempo presente de la enunciación. Como se ha visto, los indígenas puros, los ideales incontaminados por la visión de la sociedad occidental (para principios del siglo XX) constituían prácticamente un espejismo o el recuerdo de un pasado hipotético. De ahí que el concepto de extinción cobre tanta validez para entender este proceso.

La extinción referida en los textos comentados se enmarca en la desaparición física de los indígenas, mediante asesinatos o la transmisión de enfermedades, así como por el contacto cultural y social (asimilación, dirá Emperaire) con otros grupos. Esta última variable es la que, a mi juicio, cobra importancia porque pone en escena a un grupo fundamental, aunque no suficientemente pesquisado, de indígenas que se occidentalizaron mediante procesos de evangelización, urbanización, sedentarización y por su entrada al mundo laboral como asalariados. Indígenas que, por cierto, el discurso de la pureza desestimó de forma rotunda.[30]

Vinculado a lo anterior, me parece que la restitución del indígena ideal y el olvido del *más o menos mestizo* chilote se relacionan con la crítica que diversos autores hacen del proceso de modernización de la Patagonia.[31] Así, el rechazo de los sacerdotes a las teorías evolucionistas y a la ley del más fuerte, se vincula con la defensa del desvalido indígena como con la exaltación de su riqueza espiritual o religiosidad, lo cual, en un contexto de creciente secularización,

---

[30] Me parece extensible a este problema contemporáneo la observación de Carmen Bernand (105-133), referida a que los estudios antropológicos sobre la América colonial se centraban casi de manera exclusiva en lo indígena, encubriendo los procesos de mestizaje. Esto nos podría indicar una suerte de tendencia general que valora las culturas incontaminadas en un gesto sospechoso de racismo.

[31] Es pertinente indicar aquí que la muerte de David Leal y Pedro Zambras tiene como trasfondo la explotación de mármol en la isla Cambridge, en territorio kawéskar, por parte de empresarios magallánicos; el chilote Leal cumplía labores de cuidador del yacimiento cuando fue atacado por un grupo de kawéskar; enfrentamiento en el que mueren ambos (Plath). ¿Cómo leer este hecho: como un simple acto criminal por parte de los indígenas o como una disputa territorial con el invasor? En otro sentido, sería interesante investigar la relación mestizaje-proletarización y vida republicana para el caso de Magallanes en el siglo XX, tal como lo intentan, para el caso del fin del periodo colonial, Bernand y Bernand y Gruzinski.

resulta una alternativa al laicismo que las ideas liberales radicales, anarquistas o socialistas promueven desde el Estado o mediante los procesos migratorios desde Europa. Esto igual contribuye a explicar la invisibilización del chilote Leal, puesto que estos, al proletarizarse, dejaron atrás toda posible pureza indígena y entraron a la modernidad mediante una vigorosa actividad obrera no ajena a ideas anticlericales. De este modo, el chilote (al menos el estereotipo acá comentado) no solo fue problemático para la Iglesia, sino que incluso para el poder económico y político que enfrentó a los movimientos huelguísticos de la época. Esta situación, para el caso de Emperaire, es más compleja aún, porque los chilotes son responsabilizados por el investigador de la pérdida de la etnicidad original de los kawéskar. De este modo, los chilotes (tal vez el sector más precario y a la vez base del sistema de producción) ocupan, de manera curiosa, un lugar equivalente al de los grandes empresarios patagónicos, en tanto ambos grupos habrían causado la denunciada extinción indígena. Pero dentro de este proceso de censura tampoco los sacerdotes y su acción misional quedan fuera, lo que fue denunciado de forma abierta por Emperaire y, advertido veladamente, por Gusinde y De Agostini. De la misma manera la mayoría de los textos que lamentan la extinción indígena culpan o hacen responsable a los Estados de Chile y Argentina, ya sea por su negligencia o abierta connivencia. Esta culpa nacional puede explicar la demagógica leyenda –y enmarcada en un evidente colonialismo interno (González)[32]– que yace a los pies del monumento: "El indio desconocido llegó desde las brumas de la duda histórica y geográfica / yace aquí cobijado en el patrio amor de la chilenidad 'eternamente'".

Según lo anterior, la Animita del Indio Desconocido, en tanto monumento y objeto de veneración, puede leerse como un acto exculpatorio por parte de la sociedad magallánica que asume la extinción, la muerte masiva, como un hecho lamentable pero ineludible, viendo en el indígena extinto una víctima con todos los atributos de un sacrificado en aras del progreso e imposición de una cultura. Pureza, inocencia, indefensión, así como bondad y superioridad espiritual –lo que explica lo milagroso del ánima– se aunarían en la víctima (kawéskar) reverenciada. Pero esta devoción por un indígena de un pasado idealizado, "consubstanciado" (Martinic: 18) con el entorno natural, contrasta con la invisibilidad de los sobrevivientes y marginados del presente, más allá de su posible condición mestiza o impura, recibiendo estos una doble marginación

---

[32]   La profundización en el rol del Estado en este problema es uno de los tantos puntos que dejo pendientes por ahora.

no solo material, sino también simbólica. La resultante es la construcción de un pasado moldeable para los intereses actuales, que en el caso del imaginario sobre lo indígena, se relaciona con los puros nativos caros a Gusinde, que hoy pueblan los escaparates de las tiendas para turistas en toda la Patagonia.

Sin embargo, se puede suponer que la transformación de la tumba del milagroso indígena en animita, previo entierro según la costumbre civilizada, en el cementerio de la ciudad capital de la provincia, lejos del lugar de su muerte, así como la heterogénea serie de ofrendas entregadas, constituye un acto de santificación y veneración que escapa al catolicismo oficial y puede ser leído como una práctica mestiza y popular. Esto podría entenderse desde lógicas relativas a una voluntad de representación (Castro-Gómez: 203) desde la modernidad, que sublima la añoranza de un supuesto estado de originaria pureza e incluso felicidad –lo premoderno– mediante una práctica que rehúye el discurso oficial, lo cual agrega otras complejidades a este asunto y otras posibles líneas interpretativas y de investigación.

REFERENCIAS

Arratia, Mabel y Sergio Lausic. *La misión como manifestación histórica y literaria en la Patagonia*. Punta Arenas: Universidad de Magallanes, 2004. Material impreso.

Báez, Cristian. "Reflejos de los canales australes: Fotografías de los kawéskar a fines del siglo XIX". *Antropología Visual*. Fecha de ingreso: 23 de noviembre de 2010. <www.antropologiavisual.cl/imagenes3/imprimir/baez.pdf>. Sitio web.

Báez, C. y Mason, P. *Zoológicos humanos. Fotografías de fueguinos y mapuche en el Jardín d'Acclimatation de París, siglo XIX*. Santiago de Chile: Pehuén, 2006. Medio impreso.

Bayer, Osvaldo. *La Patagonia rebelde*. Buenos Aires: Galerna, 1972. Medio impreso.

Beauvoir, José María. *Diccionario Shelknam, indígenas de Tierra del Fuego. Sus tradiciones, costumbres y lengua*. Buenos Aires: Zagier y Urruty, 1998. Medio impreso.

Bernand, Carmen. "Mestizos, mulatos y ladinos en Hispanoamérica: un enfoque antropológico de un proceso histórico". *Motivos de la antropología americanista. Indagaciones en la diferencia*. Coord. Miguel León Portilla. México: Fondo de Cultura Económica, 2001- 105-33. Medio impreso.

Bernand, C. y Gruzinski, S. *Historia del Nuevo Mundo*. Tomo II: *Los Mestizajes 1550-1640*. México: Fondo de Cultura Económica, 1999. Medio impreso.

Braun, Armando. *Pequeña historia magallánica*. Santiago-Buenos Aires: Francisco de Aguirre, 1969. Medio impreso.

Castro-Gómez, Santiago. "Latinoamericanismo, modernidad, globalización. Prolegómenos a una crítica postcolonial de la razón". *Teorías sin disciplina (latinoamericanismo, postcolonialidad y globalización en debate)*. Eds. Castro-Gómez y Mendieta. México: Porrúa, 1998. 169-205. Medio impreso.

Chapman, Anne. *Fin de un mundo. Los selknam de Tierra del Fuego*. Santiago de Chile: Taller experimental Cuerpos Pintados, 2002. Medio impreso.

Coiazzi, Antonio. *Los indios del archipiélago fueguino*. Punta Arenas: Atelí, 1997. Medio impreso.

Coloane, Francisco. *Cuentos completos*. Santiago: Alfaguara, 2002. Medio impreso.

___. *El último grumete de la Baquedano*. Santiago: Zig-Zag, 1989. Medio impreso.

De Agostini, Alberto. *Treinta años en Tierra del Fuego*. Buenos Aires: Peuser, 1956. Medio impreso.

Dussel, Enrique. *1492. El encubrimiento del otro. Hacia el origen del "mito de la modernidad"*. La Paz: Plural-UMSA, 1994. Medio impreso.

Emperaire, Joseph. *Los nómades del mar*. Santiago: Universidad de Chile, 1963. Medio impreso.

Gerbi, Antonello. *La disputa del Nuevo Mundo. Historia de una polémica, 1750-1900*. México: Fondo de Cultura Económica, 1993. Medio impreso.

González, Pablo. "Colonialismo interno [Una redefinición]". Fecha de ingreso: 06 de octubre de 2010. Biblioteca virtual Clacso. <http://bibliotecavirtual.clacso.org.ar/ar/libros/campus/marxis/P4C2Casanova.pdf>. Sitio web.

Gusinde, Martín. *Fueguinos. Hombres primitivos de la Tierra del Fuego (De investigador a compañero de tribu)*. Sevilla: Escuela de Estudios Hispanoamericanos, 1951. Medio impreso.

König, Hans-Joachim. "El indigenismo criollo, ¿proyectos vital y político realizables, o instrumento político?". Fecha de ingreso: 06 de diciembre de 2012.<http://codex.colmex.mx:8991/exlibris/aleph/a18_1/apache_media/9D443JH5YP3UY79GJKMV59IEQH285X.pdf>. Sitio web.

Lausic, Sergio: *Territorio de Magallanes: claroscuro de su historia*. Punta Arenas: Universidad de Magallanes, 2004. Material impreso.

___. *Muestra itinerante de los pueblos indígenas de la Patagonia y Tierra del Fuego*. Punta Arenas: Fondo de Desarrollo de la Cultura y de las Artes-Mineduc-Atelí, 1994. Material impreso.

___. "Migraciones del Archipiélago de la Isla Grande de Chiloé hacia la Patagonia (Chile-Argentina) y participación en el sindicalismo obrero". *Archivo Chile*. Fecha de ingreso: 20 de noviembre de 2010. <http://www.archivochile.com/Historia_de_Chile/otros_artic/HCHotrosart0011.pdf>. Sitio web.

Martinic, Mateo. *Archipiélago patagónico. La última frontera*. Punta Arenas: Universidad de Magallanes, 2005. Medio impreso

___. *Historia de la región magallánica*. Punta Arenas: Universidad de Magallanes, 1992. Medio impreso.

Méndez, Cecilia. "Incas sí, indios no: Apuntes para el estudio del nacionalismo criollo en el Perú". Cholonautas. Fecha de ingreso: 18 de noviembre de 2010 desde <http://www.cholonautas.edu.pe/modulo/upload/Mendez.pdf>. Sitio web.

Mignolo, Walter. "Colonialidad global, capitalismo y hegemonía epistémica". *Culturas imperiales*. Experiencia y representación en América, Asia y África. Comp. Ricardo Salvatore. Rosario: Beatriz Viterbo, 2005. Medio impreso.

Nicoletti, María Andrea: "Los misioneros salesianos y la polémica sobre la extinción de los selk'nam de Tierra del Fuego". Antropológica24, (2006).

O'Gorman, Edmundo. *La invención de América. Investigación acerca de la estructura histórica del nuevo mundo y del sentido de su devenir*. México: Fondo de Cultura Económica, 1986. Medio impreso.

Padgen, Anthony. *La caída del hombre natural*. Madrid: Alianza, 1988. Medio impreso.

Pigafetta, Antonio. *Primer viaje en torno del Globo*. Buenos Aires-Santiago de Chile: Francisco de Aguirre, 1970. Medio impreso.

Plath, Oreste. *L'Animita. Hagiografía folklorica.* Santiago: Grijalbo, 2000. Medio impreso.

Radio Polar. (200) *Diario electrónico.* Consultado el 02 de septiembre de 2010 desde <http://www.radiopolar.cl/noticia_23359.html>.

Rodríguez, María Eva. "¿Indígenas, obreros rurales o extranjeros?". *Nuevo Mundo.* Fecha de ingreso: 20 de septiembre de 2010. <http://nuevomundo.revues.org/451>. Sitio web.

Sarmiento, Domingo. *Facundo.* Buenos Aires: Colihue, 2005. Medio impreso.

Universidad Academia de Humanismo Cristiano. (2005). *Revista Chilena de Antropología Visual.* 6. Consultado el 08 de octubre de 2010 desde <http://www.antropologiavisual.cl/fotos.htm>.

Vega D., Carlos. *La masacre en la Federación Obrera de Magallanes: El movimiento obrero patagónico-fueguino hasta 1920.* Punta Arenas: Atelí, 2002. Medio impreso.

Wegmann, Osvaldo. *La última canoa.* Punta Arenas: Hersaprint, 1976. Medio impreso.

ANIMITAS Y RELIGIOSIDAD POPULAR EN EL NORTE GRANDE DE CHILE: DEL ÁNIMA DE LA PATITA A LA KENITA[33]

Bernardo Guerrero Jiménez[34]

Analizamos el culto a las animitas como una variante más de la religiosidad popular. En este caso, en el norte grande de Chile, como una expresión de la rica y variada praxis popular y religiosa, movilizada entre otros, por los bailes religiosos que acuden a la fiesta de La Tirana. En este sentido, ubicamos el culto a las animitas dentro de esa práctica, pero inserta en un marco ritual autónomo e independiente de los cuadros religiosos del catolicismo oficial.

La idea de que el culto a las animitas es una variante de la religiosidad popular, sobre todo del culto mariano que se manifiesta en la fiesta de La Tirana, se debe a que en términos de santidad y de milagros, se puede ubicar dentro de una tradición más amplia, que va más allá del mundo católico popular. En este sentido integramos a las religiones protestantes populares dentro de estas praxis (aunque estas tradiciones condenan este tipo de cultos), ya que incorporan los milagros como prácticas frecuentes, sobre todo en las curaciones de enfermedades. No obstante, podemos observar una misma lógica en la "curas de manos", entre otras manifestaciones, de los pentecostales.

Para el caso del norte grande vemos el culto a las animitas dentro de un proceso de hibridación entre la tradición andina y la mestiza popular, sobre

---

[33] Trabajo escrito en el marco del proyecto "Dinámicas identitarias en el Norte Grande de Chile: Nación, región y religiosidad popular". N° 1141306 Fondecyt. Una primera versión fue expuesta en el "Coloquio Lectura de la animita: Estética, identidad y patrimonio". Facultad de Filosofía. Instituto de Estética. Pontificia Universidad Católica de Chile. 24 y 25 de marzo de 2011. Las fotografías pertenecen a Rodrigo Orchard M.

[34] Sociólogo. Universidad Arturo Prat, Iquique. Correo electrónico: Bernardo.Guerrero@gmail.com

todo de tipo proletario y salitrero. Todo ello en el marco de una tradición multicultural de esta región de Chile. (Guerrero: 2009).

Interesa destacar el crecimiento del culto a las ánimas en el nortegrande, como asimismo relevar el lugar que ocupan en el espacio urbano de la ciudad, para señalar nuevos elementos que se agregan a su "estética" como el uso de símbolos deportivos y/o nacionalistas. Estos últimos, muy presentes también en los cementerios, los que muestran interesantes procesos de "canonización popular", y que en este trabajo queremos desarrollar.

Una mirada externa a las animitas indica la presencia ya sea de una bandera chilena o bien de una cruz. En el caso del emblema nacional se utiliza como una forma de expresar la presencia chilena en tierras conquistadas, tomando en cuenta que para el Estado central, estos territorios siguen mostrando carencia del llamado "espíritu" nacional.

Cuando se trata de este último elemento, el parecido con las fachadas de algunas iglesias evangélicas es más que evidente. Sin embargo, en su interior, notamos tanto en su ordenamiento como en su estética, una fuerte presencia mariana y andina. En efecto, el conjunto de figuras allí presentes revelan y nos remiten a una tradición andina semejante a la fiesta de las alasitas (Valko: 2006). Figuras en miniaturas como casas, vehículos, chacras simbolizan la demanda por esos bienes. En el caso de la Kenita, y su altar, lo que más sobresale son figuras pequeñas en ambos extremos de San Lorenzo, un par de llamos, flores naturales y plásticas, banderines y banderas chilenas. Además de fotos de la Kenita y placas de agradecimiento. Todos estos elementos si bien no son peticiones como el caso de la fiesta de las alasitas, simbolizan la gratitud por el favor concedido.

Religiosidad popular y cultos a las animitas

Bien se podría caracterizar al vasto territorio del norte grande como zona de religiosidad popular. Los santuarios de Ayquina, hacia el oriente de Calama, Las Peñas, al interior de Arica, y La Tirana y San Lorenzo en la ciudad Iquique así lo muestran. Lo común de todos ellos es la gran organización y movilización de una población mestiza de corte popular que habita en las ciudades de esta parte del país, que se muevea estos centros de peregrinajes. Son grupos organizados a través de los bailes religiosos que desde fines del siglo XIX acuden a saludar a la Virgen. Hasta los años sesenta gozaban de una saludable autonomía que luego del golpe de Estado de 1973, se ha perdido de manera paulatina (Tennekes y Koster: 1986).

Entendemos aquí a la religiosidad popular, según la interesante expresión de Eloísa Martín, "en términos de prácticas de sacralización: los diversos modos de hacer sagrado, de inscribir personas, lugares momentos, en esa textura diferencial del mundo-habitado" (Martín, 2007: 77). Enfatiza aquí el componente de la praxis como forma de dotar a un territorio de una densidad religiosa. Para el caso que nos ocupa el culto a las animitas la vemos como una especie de "canonización popular" (Carozzi, 2006: 98), e insistimos en la idea de una práctica autónoma por parte de los grupos populares, que sin mediar instituciones (como ocurre también con los bailes religiosos o grupos de parroquias) deciden atribuirle al personaje la capacidad de intermediar y/o realizar milagros. La aproximación de ambas autoras, sobre todo de la primera, es realizada en vistas a las diversas concepciones que de la religiosidad popular existe, es decir, como religión del pueblo, como respuesta funcional a situaciones de carencia y como "otra lógica".

La expresión canonización popular proviene del estudio que se hizo sobre la Difunta Correa en Argentina. Sus autoras, dicen:

> Se denominan "canonizaciones populares" –en un país de tradición religiosa católica aquellas que tienen como objeto –personas que han sido canonizadas por el pueblo, es decir, personas en cuyo proceso de canonización no ha intervenido la Iglesia Católica como institución. A estas personas se las denomina "santos", utilizando el lenguaje de la Iglesia". (Chertudi y Newbery, 1978: 9, citado por Carozzi, 2006: 98).

Esta definición nos permite afirmar la autonomía de los grupos sociales populares, en la construcción de un sujeto religioso. Esta autonomía permite la creación y administración de un espacio cúltico, en el que la fe y la estética popular juegan un rol preponderante. Un espacio en que las religiones oficiales parecen no intervenir.

Es posible observar, además, que las ciudades del norte grande de Chile, bien pueden ser conceptualizadas como compuesta de tiempos y espacios heterogéneos. Siguiendo la expresión de Chatterjee (2008), se trata de un espacio y de un tiempo, significado no de forma lineal, sino ritual. Así, el lugar donde se ubica la animita tendría una significación diferente, pues hay en ella una densidad religiosa que la diferencia de un lugar profano. Lo mismo sucede con el día del cumpleaños del fallecido o el lunes, entendido como día del culto a las ánimas. En contraste a las ciudades seculares en las que el tiempo y espacio son homogéneos, en nuestras ciudades, no lo es. El peatón que pasa frente a un altar, por lo general, adopta una actitud de respeto y de silencio. Para usar la expresión de Lira, pues ahí "hay un rumor" (Lira: 2002).

El culto a las ánimas en Iquique, bajo el modo en que la conocemos, surge de la intersección entre la cultura andina y la cultura popular urbana que se desarrolla en el norte grande, por mediación de la explotación del salitre, a fines del siglo XIX. Van Kessel (1975) reconoce en la religión andina fuertes resabios de animismo y de utilitarismo como rasgos esenciales de la religiosidad andina, tanto quechua como aymara. Se trata de una concepción que cree que después de la muerte el ánima del fallecido vuelve a la tierra, lo que se observa en la ceremonia denominada el "despacho" o "*paigasa*", que se realiza siete días después de la muerte, donde se queman las pertenencias del muerto y se le vela sin el cuerpo presente. En otro trabajo hemos descrito este ritual, para el caso de un poblado de la precordillera llamado Macaya. (Guerrero: 2008).

Como se ve poco o nada tiene que ver con lo que conocemos como culto a las ánimas. Sin embargo, lo que subyace es lo que importa, a saber: la concepción de la muerte fundada en la idea de que es otra forma de vida. Idea que los hombres y mujeres que poblaron las ciudades costeras y el desierto salitrero traían consigo y, que la "adaptaron" para integrarla a las ideas y creencias de los habitantes del norte grande respecto de la vida y de la muerte.

Seguimos aquí la discusión que realiza Peter Burke (2010), quien, al repasar las diversas metáforas que se ha utilizado para tratar de entender los fenómenos de hibridación, tales como sincretismo, aculturación, entre otras, opta por el de "traducción cultural". Concepto que para él ofrece dos ventajas: por una parte, resalta la importancia de la labor que deben realizar los grupos e individuos para hacerse con lo ajeno y da cierta idea sobre las tácticas y estrategias que se pueden emplear, y por otra, es un término neutro, asociado al relativismo cultural (Burke, 2010: 108). Se trata, entonces, de cómo los grupos populares traducen el catolicismo oficial y las prácticas religiosas andinas, a sus propios horizontes culturales. Ello, implica, además el desarrollo de una inventiva religiosa. La religiosidad popular del norte grande es rica en estas manifestaciones de "adaptaciones culturales". Un ejemplo de esto son los bailes de La Tirana, de Ayquina y Las Peñas, los que muestran evidentes fenómenos de esta naturaleza. Así, bailes que se inspiran en temas que el cine ha puesto de relieve, pieles rojas, dakotas, cosacos, etcétera y por otro lado, bailes chilenos como marineros y huasos.

Apachetas y ánimas

En el mundo andino existen las apachetas, es decir, montículos de piedras que se construyen de forma intencional. Se ubican en los bordes de los caminos y se le atribuyen cualidades de protección y de orientación. En el fondo es una representación y ofrenda a la Pachamama; en otras palabras, espacios de la naturaleza que hablan con los humanos. Mencionamos el caso de las apachetas, ya que es el único elemento de la cultura andina que podría equipararse con las construcciones que hallamos en la ciudad o en las carreteras y que denominamos animitas. Similar argumento establece Hermans, al referirse a que la apacheta está directamente relacionada con la animita (2010: 23). Esta misma autora cita a Moscheni Sossa, quien dice que "ambas [animitas y apachetas] representan espíritus que interactúan con Dios como un médium" (2010: 24).

La hibridación ocurrida entre el catolicismo y la religión andina permite entender no solo lo que se desarrolla en los santuarios marianos del norte grande de Chile, sino que también otras expresiones como el culto a las animitas y la quema de Judas (Guerrero: 2007), entre tantas otras. El caso que nos ocupa se trata de hombres y de mujeres muertos de modo violento en la ciudad, en las carreteras o bien en la pampa salitrera.

El culto a las animitas en Iquique

En Iquique, al igual que en toda Latinoamérica, se práctica el culto a las animitas, esto es, a las personas que han muerto de manera trágica: atropellos, accidentes y asesinatos, y que se han transformado en agentes intermediarios entre el creyente y Dios. Sobre el lugar donde ha muerto, manos anónimas y generosas levantan una pequeña capilla, un cenotafio, donde encienden una vela, ponen una placa con el nombre del fallecido y la fecha de la muerte. El resto lo hace la comunidad que cada lunes en forma sagrada acude a prenderles velas y a pedirle favores que, por lo general, tienen que ver con salud y trabajo, las necesidades más apremiantes del pueblo.

En el Iquique de fines del siglo XIX, fue famosa "el ánima de la Patita" en el desaparecido cementerio N° 2. También lo sigue siendo la de Hermógenes San Martín, de quien luego nos ocuparemos, como también la de Olivares, que está frente a la de aquel y la del Finao González. En las páginas que siguen nos detendremos en estas cuatro ánimas que representan diferentes momentos históricos de Iquique, donde se contabilizan al menos 50 animitas, entre Iquique y el cruce con la Carretera Panamericana y, entre esta ciudad y el aeropuerto, alrededor de 10 (en el plano urbano existen cerca de 50 recordatorios).

El ánima de la Patita

El imaginario colectivo y popular de Iquique aún recuerda al ánima de "la Patita". Incluso, la gente cuando se refiere a alguien que es bueno para cobrar lo que se le debe, dice todavía: "Eres más cobrador que el ánima de la Patita", aludiendo con ello a la insistencia que la caracterizaba, la de cobrar los favores concedidos.

La gente recuerda que en el Cementerio N° 2, donde está actualmente la población Jorge Inostroza, había un cajón desde el que se asomaba el pie de un difunto que se negaba a permanecer dentro del ataúd.

Esta ánima tiene su origen en el siglo XIX, según el relato del ciudadano inglés William Howard Russell, publicado en Londres en 1890. Por la importancia del relato, lo transcribimos íntegramente:

Pasé horas instalado en mi balcón, observando siempre algo de interés. Al frente está la Cancha de Cricket: un cuadrángulo asfaltado. A no muchas yardas de distancia, si el lector estuviera a mi lado, observaría un montículo de tierra semejante a un horno de barro, del tipo aldeano, sobre la playa arenosa en la cual –al caminar sobre ella– el pie se hunde hasta el tobillo. Generalmente, hay dos o tres –a veces más– mujeres vestidas de negro y arrodilladas devotamente frente a dicho montículo. Si uno se acerca allí, ve que hay velas encendidas, titilando en el interior de un hueco formado con paredes de adobe. ¡Las mujeres son creyentes frente a la tumba de un santo! De quien se trataba, nunca lo pude saber. Posiblemente, no consulté a quién debía. De hecho, aún algunos notables residentes de Iquique, ¡no sabían ni siquiera darme el nombre de la iglesia de la plaza! […] No obstante, la historia que escuché fue la siguiente: Hace algunos años, el cadáver de un hombre fue encontrado en la playa, llevado a este lugar y sepultado allí. Pero, ¡sorpresa!, una pierna del cadáver emergió de la tumba. Se volvió nuevamente a enterrarla, ¡pero volvió a emerger como antes! Los repetidos intentos no fueron capaces de mantener a este inquieto miembro en el lugar que le correspondía. ¡La gente sacó como conclusión que el hombre era un santo! Se construyó un muro semicircular alrededor de dicha tumba. En caso de problemas, los creyentes acuden a este "lugar sagrado", rezan, hacen promesas y ofrendas. Las velas encendidas son el testimonio de su fe, de las curaciones milagrosas, de los agradecimientos por los favores concedidos, por la influencia de esta alma bendita. La gente irreverente se burla de todo esto; dicen que tal cadáver era de un marino inglés, que borracho se cayó al mar de uno de los tantos barcos que fondean la bahía. ¡Sin embargo, estos incrédulos no toman en cuenta a la inquieta pierna o a los milagros! En cuanto a mí, pienso que es muy conmovedor observar a esta pobre gente que, arrodillada, reza ante dicha sepultura, prestando oídos sordos a los destemplados gritos de: ¡Corre! ¡Corre! ¡Dale! ¡Buen golpe! ¡Bravo!, y otros más, proferidos por los jugadores y espectadores en el Club de Cricket. Existe también, una alta cruz de madera cerca de allí y que señala a otra tumba, pero nadie le presta mayor atención... (Russell, 1890: 154).

Pareciera, sin embargo, que el "ánima de la Patita" goza de una especie de "universalidad regional", porque al interior de Arica y cerca de Poconchile también existe un "ánima de la Patita". Igual sucede en la pampa, según nos cuenta la señora Josefina Yugo Cristo: en la pampa salitrera, entre Iris y La Granja, existe un cementerio donde está enterrada el "ánima de la Patita". Según ella, se trata de un niño que en cierta ocasión agredió a su madre pegándole precisamente un puntapié, esta lo maldijo y cuando murió el joven, la maldición se hizo realidad: todo el cuerpo entraba en el cajón, menos el pie que se resistía, como repitiendo la insolencia. Fue tanto, que al cajón hubo de hacerle una especie de huevo, para que el pie pudiera ser cubierto. Doña Josefina recuerda que siendo profesora de la escuela de los Oblatos, muchas veces presenció verdaderas peregrinaciones al sitio donde estaba el ánima. Esto acontecía en los años sesenta.

El Finao González

A simple vista la animita del Finao González parece abandonada. Es una casita de metro y medio de ancho por uno de largo, todo es de cemento y está pintada de color claro. Una calamina gruesa la cubre y sobre esta una tosca cruz de fierro oxidada. Tiene una reja de fierro que ya no cumple la función de puerta, debido a que la otra hoja está botada. En su interior, una placa dice: "Gracias Gonzalito por favor concedido. Diciembre de 1994. G.A.P.V.".

El lunes 11 de marzo de 1996, Sergio Flores recogió este testimonio: "Desde que tengo 15 años, cuando venía con mis padres (ellos fallecieron jóvenes) vengo todos los lunes, menos un tiempo porque estaba viviendo en otro lado. Siempre me ha cumplido favores, buena salud, cosas personales, etcétera. Usted sabe. Y todos los lunes lo limpio" (Domingo 72 años. Jubilado de Ferrocarriles del Estado).

La historia de Gonzalito, como le dicen sus fieles, es la siguiente: el 28 de julio de 1916, en plena pampa iquiqueña, concretamente en la intersección de las calles Primera Sur, hoy Tomas Bonilla, y 12 de Febrero, algunos vecinos iquiqueños encontraron el cuerpo quemado, el que más tarde una comadre reconocería como el de Humberto González, de 25 años.

La ciudad se conmocionó ante tan macabro hallazgo. El cuerpo quemado, según testimonian las fotografías de la época, hablaba por sí solo. El juez Toledo se hizo cargo de la causa y en un tiempo récord dio con el asesino.

Humberto González era casado, tenía una hija y al momento de su deceso esperaba su segundo hijo. Las pesquisas dieron resultados a la brevedad. El inculpado era un hombre acaudalado y la víctima, su empleado.

El hecho fue motivado por las relaciones amorosas existentes entre González y la hija de su patrón. Descubiertos ambos, el primero es golpeado con un garrote en la cabeza y, creyéndolo muerto, lo tapan con sacos de afrecho, lo amarran, toman dos botellas de parafina y lo suben a una carreta llamada "La Conciencia" y se dirigen rumbo al sur. Al este de la quinta Chanteclair, en lo que hoy están las calles ya mencionadas, bajan a González, lo rocían con parafina y lo queman.

Testimonios cuentan que ante la imposibilidad de reconocer el cadáver, este es exhibido en la Plaza Brasil.[35] Hasta allí llega una señora que reconoce una cicatriz en un dedo de González, era su comadre. Además, las huellas que dejó la carreta permitieron llegar hasta la casa donde ocurrió el homicidio.

Una gran conmoción recorre las calles de Iquique, peritajes y autopsias se suceden para verificar si hubo o no premeditación. Finalmente, la justicia decidió dejarlos en libertad. La prensa escrita como *La Patria* y *El Despertar*, se hicieron eco de la injusticia y protestaron enérgicamente. Los culpables debieron pagar, a modo de indemnización, 41.000 pesos para la viuda y los hijos de González. Para la tradición oral iquiqueña, la sentencia dictada, poco después, condenaba al asesino a perpetuidad, pero teniendo a la ciudad como cárcel. De hecho dentro de la jurisprudencia nacional aparece este castigo como algo que llama la atención.

Humberto González fue sepultado en noviembre de 1916, en el cementerio N° 3, en el nicho número 230, donde familiares y manos anónimas aún le ponen flores. Apenas descubierto el cadáver se reveló el carácter milagroso del finao. Una crónica de la época relata los milagros:

> Otras atestiguan que el espíritu de González les había hecho varios i portentosos milagros patentes... por cuya razón le ofrecían velas i plegarias. Una vecina decía que el ánima milagrosa le había curado una hijita que estuvo en la muerte; otra que había quitado el vicio de la bebida a su marido, y que no han faltado otros que juran haber cambiado la situación mediante la ayuda generosa del difunto, por lo que en cumplimiento de sus promesas le han ofrendado innumerables paquetes de velas, y no pocas oraciones devotas, que están convencidas de que el mártir santo escucha complacido prometiéndole favorecerlas en todos sus infortunios y pesadumbres (*Caras y Caretas*, 1916: 70).

---

[35]   Ubicada en la calle Zegers entre Patricio Lynch y Obispo Labbé.

Cada lunes en su pequeño templo, tres velas iluminan y agradecen los favores que el finao otorga. El testimonio reciente de un taxista señala que el general Pinochet, mientras estuvo en Iquique fue devoto de Gonzalito y, en que en más de una oportunidad, mandó a remodelar el lugar donde se recuerda a este humilde hombre.[36]

Hermógenes San Martín. De luchador social a intermediario divino

Hermógenes San Martín fue un obrero que trabajó en la pampa, se destacó por la defensa de los derechos de los trabajadores y militando en el partido de Recabarren fue tildado de comunista. San Martín fue muerto por estrangulamiento, asesinado alevosamente e incluso se comenta que fue violado, el lunes 9 de diciembre de 1935, al costado norte del Cementerio N° 1. El viernes 13 de diciembre de ese mismo año la policía dio con los culpables. En ese mismo lugar se alzó la capilla donde se le rinde culto, donde San Martín tiene fama de milagroso. Cada lunes decenas de personas acuden a ponerle velas. Una de las encargadas, la señora Doris, da fe del carácter milagroso de San Martín. Cuenta que uno de sus hijos había empezado a fumar "monos",[37] no llegaba a casa y frecuentaba amigos de mala fama. Ella le pidió al finao San Martín que la ayudara, tras lo cual su hijo dejó el vicio y, además, le ayuda a asear la capilla.

Justo Monardes Astorga, que vivió en calidad de hijastro de San Martín, ratifica su militancia comunista. Monardes fue redactor de la prensa obrera y lo conoció. "Mi madre, sobrina de este último, dice que exclamaba: Si San Martín se levantara de su nicho, echaría a todas las viejas, ya que él era un ateo, no creía ni en su sombra". En torno a la figura de San Martín se constituyó el 29 de enero de 1952, la Sociedad Mixta Hermógenes San Martín.

Kenita: La milagrosa de Pedro Prado

La ánima de Kenita y su culto están ubicados en calle Pedro Prado. Más de cuarenta placas de agradecimiento, velas encendidas y flores frescas dan muestra de una fe popular inagotable. Salud y trabajo es lo que más pide la

---

[36] En la década de los noventa, en labores de remoción de tierra, aparecen los restos de un feto. Se supone que fue el motivo que llevó al crimen.

[37] Se le llama así a la pasta base de cocaína.

gente. Jacqueline Zurita Elgueta nació en Iquique el 3 de febrero de 1964, en la población Dagoberto Godoy. Jessica, la hermana de Kenita, dice de esta:

Mi hermana era un tanto retraída, quizá para muchos tímida y reservada, pero detrás de ese cuerpo frágil y menudo existía una persona con un fuerte carácter, amante del dibujo y de la poesía. Su gran sueño era pintar, incluso cuando no teníamos dinero y se acercaba la fecha de algún cumpleaños, ella misma confeccionaba sus propias tarjetas de saludo (Pérez, 1995: 5).

Sobre la muerte de Jacqueline, citamos la misma fuente:
Jacqueline se disponía a regresar a su trabajo. Salió de su casa junto a su hermana y en la intersección de Pedro Prado con Primera Sur se separa y decide caminar hasta su trabajo. No le quedaba lejos. En ese instante, pasó un amigo en motocicleta y decide 'carretearla'. Ella duda un poco, pero se decide. Mientras se sube al pequeño vehículo aparece el conductor Ernesto Pérez Challapa, completamente ebrio y embiste la motocicleta. La muerte de Jacqueline fue instantánea (Pérez, 1995: 6).

Todo esto ocurría el lunes 16 de noviembre de 1987, a las tres de la tarde. Frente a los hechos, el ciudadano Luciano Córdova, al ver lo que acontecía, decide levantar una diminuta capilla para recordar el lugar donde había muerto

Jacqueline. Sobre los milagros de la Kenita, dice don Luciano: "A mi parecer el primer milagro que hizo la Kenita fue conmigo. Yo me recuperé totalmente de mi enfermedad, y desde ese día no he vuelto a tomar como tampoco he dejado de cuidar y arreglar a mi animita. Este lugar es mío. Yo lo construí, a mí me costó sacrificio" (Pérez, 1995: 6).

Creadores anónimos escribieron esta oración:

Acuérdate, oh piadosa Kenita, que nunca se ha oído decir que los que han recurrido a tu protección implorando tu misericordia y pidiendo tu auxilio hayan sido abandonados.
Pedir favor
Animado con esta confianza vengo hasta ti: bajo el peso de mis pecados llego hasta tus pies, oh hija del Señor, no desatiendas mis oraciones, escúchalas favorablemente y dígnate a acceder a ellas.
¡Hija del señor gloriosa y bendita!
Reza 3 Ave María y 3 Padre Nuestro

La Romina

El 12 de marzo del 2005, fueron encontrados en Iquique y en Alto Hospicio varias partes de un cuerpo cercenado. Tras varias diligencias la policía lo iden-tificó. Se trata de Leydy Torrealba Cepeda, de 24 años. Era conocida como Romina y ejercía de trabajadora sexual en los alrededores de la Plaza Arica en la ciudad de Iquique. Había llegado del sur del país, junto a su hijo Milenko, de tan solo 6 años. Consumía pasta base y según sus amigas era agresiva a veces. Era rubia platinada y tenía ojos verdes.

Tuvo un romance con Ariel Canales Pino, quien luego de una discusión en su pieza la golpea con un martillo en la cabeza, alegando defensa propia, después le da otros dos golpes y la mata. Enseguida toma un corvo y una sie-rra, y procede a descuartizarla. Era el 11 de marzo. Toma una micro a Alto Hospicio y tira a un basural clandestino parte del cuerpo de la bella Romina. Ese mismo día a bordo de una bicicleta, en Iquique bota otros restos. Días más tarde confiesa su crimen. "La maté porque la quería", habría dicho al fiscal a cargo de la investigación.

El asesinato de la Romina puso al barrio en ascuas. El tráfico y consumo de pasta base encontraba en el crimen de esta trabajadora nocturna, su primera víctima que se convertiría en animita milagrosa. En el lugar donde trabajaba, en las esquinas de San Martín con 18 de Septiembre se levanta un pequeño altar que la recuerda. Se ubica cerca del Cementerio N° 1, del lugar donde se recuerda al Finao San Martín y, a una cuadra del templo de la Plaza Arica, territorio donde se realiza la Tirana Chica, es decir, en una zona marcada por una fuerte densidad religiosa popular.

Fue enterrada en el sur del país pese a las protestas de sus amigas. Un ex conviviente, consumidor de pasta base y peregrino de San Lorenzo, Roberto "El Loco chico" Santibáñez, dijo a la prensa: "Si se queda en Iquique, dejo las drogas" (*La Estrella*, de Iquique, 27 de marzo de 2005). Pero su madre se la llevó.

De las animitas mencionadas, solo tres gozan de buena salud. El ánima de la Patita y Gonzalito no tanto. La primera, al desaparecer el Cementerio N° 2, dejó de funcionar. Mientras que la de Gonzalito cada vez tiene menos adeptos. Solo la de Hermógenes San Martín, la Kenita y la Romina parecen no encaminarse a su desaparición.

Conclusiones

La vigorosa realidad de la religiosidad popular en el norte grande, con sus variantes como el culto a las animitas, en una región globalizada y multicultural, evidencia que fenómenos tales como la secularización están lejos de ser una realidad. Al contrario y, por la misma realidad multicultural, se observa la existencia de un mercado con variadas ofertas religiosas. Mezquitas y leves evidencias, hasta hoy, de cultos afroamericanos señalan lo anterior. El así llamado mundo popular sigue con sus prácticas religiosas ya sea al alero de instituciones oficiales, como los bailes religiosos, o bien de un modo autónomo como el caso del culto a las animitas. Además, concordamos con la idea de Hervieu-Léger, quien plantea que la modernidad religiosa que se observa en el mundo de hoy tiene que ver con las desregulaciones que el mercado de las creencias opera sobre los sujetos (2004). Habría, entonces, una autonomía religiosa, aunque no para todas las manifestaciones de la religiosidad popular. En la peregrinación del 16 de julio, de La Tirana, por ejemplo, entre otras, eso no acontece.

Pero como ya se ha visto el culto a las animitas es una actividad autónoma que los grupos populares realizan en el norte grande de Chile, y en toda América Latina. A través de procesos de canonización popular, y con la prueba del milagro, transforman a un muerto en sujeto de demandas, en intermediario entre el creyente y Dios.

La construcción y mantención del lugar es obra de los propios vecinos. En este sentido es una práctica autónoma en la que la Iglesia católica y los bailes religiosos no ejercen ningún papel. Los miembros de estos últimos, a título personal, pueden participar.

Es una variante de la religiosidad popular en cuanto expresa un sentido de la vida más allá de la muerte, que ejerce un rol de intermediario entre la divinidad y los vivos, cuyas demandas por salud y trabajo son las mismas que los peregrinos le piden a la Virgen del Carmen o a San Lorenzo.

Sin embargo, el culto a las animitas tiene una variante local que en muchos casos atenta contra su reproducción. No hay al parecer generaciones de recambio que continúen con el culto. Es el caso de Gonzalito, por ejemplo, que tiene muchos visos de desaparecer. Se podría afirmar que su culto es más bien de corte barrial, y que al desaparecer, por muerte o por migración, de sus devotos, tiende al olvido. El caso de la Kenita es diferente, ya que es relativamente joven y, por otro lado, está ubicada en una avenida bien transitada, como lo es la Salvador Allende, ex Pedro Prado.

En resumen, como mencionamos más arriba, estas animitas dan cuenta de distintos períodos históricos de Iquique, a saber: el ánima de la Patita, el Finao San Martín y Gonzalito pertenecen al llamado tiempo del ciclo salitrero (1830-1960), mientras que la Kenita se ubica en el período de la Zona Franca. La Romina al período del consumo y tráfico de pasta base (cocaína). Todos emplazados en el plano urbano y popular de la ciudad. Esta última recoge los nuevos elementos de adorno del culto, como símbolos nacionales y deportivos. Además, en su construcción se hacen notar los elementos introducidos por la Zona Franca como el aluminio y la cerámica.

REFERENCIAS

Burke, Peter. *Hibridismo cultural*. Madrid: Editorial Akal, 2010.

Carozzi, María Julia. "Antiguos difuntos y difuntos nuevos, Las canonizaciones populares en la década del 90". En *Entre santos, cumbias y piquetes. Las culturas populares en la Argentina reciente* (Míguez y Semán, editores). Buenos Aires: Editorial Biblios, 2006.

Chatterjee, Partha. *La nación en tiempo heterogéneo y otros estudios subalternos*. Buenos Aires: Siglo Veintiuno Editores y Clacso, 2008.

Guerrero, Bernardo. *Del Chumbeque a la Zofri. La identidad cultural de los iquiqueños*. Tomo II. Iquique: Centro de Investigación de la Realidad del Norte y Dirección de Extensión Académica y Cultural, 1996.

___. "Quemar al traidor, quemar al afuerino: la Quema de Judas en Iquique, Chile". *Revista Austral de Ciencias Sociales*, N° 13. Universidad de Valdivia. 2007, pp. 67-77.

___. Macaya. Programa Orígenes. Iquique, Chile. 2009.

___. Sueña Tarapacá. Identidad en el desarrollo de nuestra región. Estudio para el fortalecimiento de la identidad regional de Tarapacá. Universidad Arturo Prat y Gobierno de Chile, Subdere. Iquique, Chile, 2009.

Hermans, Laurie. "Gracias por los favores concedido". Animitas and the Everyday Life in Santiago. Bachelor Thesis. 2010.

Hervieu-Léger. *El peregrino y el convertido. La religión en movimiento*. México DF: Ediciones del Helénico, 2004.

Kessel, Juan Van. La imagen votiva en la cosmovisión del hombre andino contemporáneo, un intento de interpretación antropológica. En *Cuaderno de Investigación Social*, N° 1. Carrera de Sociología, Antofagasta, Chile, 1975, pp. 2-9.

Lira, Claudia. *El rumor de las casitas vacías*. Estética de la animita. Instituto de Estética Pontificia Universidad Católica de Chile. Santiago, 2002.

Martín, Eloísa. "Aportes al concepto de religiosidad popular: una revisión de la bibliografía argentina". En *Ciencias sociales y religión en América Latina*. Carozzi, María Julia y Ceriani Cernadas, César (coords.). Editorial Biblios. Buenos Aires, Argentina, pp. 61-86.

Pérez, Juan. El culto a las animitas. Una experiencia cercana. Trabajo Cátedra Sociología de la Religión. Universidad Arturo Prat, Iquique, Chile. 1995.

Sin autor. La tragedia de la lechería La Hacienda. En *Grandes crímenes en Chile*. Iquique: Imprenta Caras y Caretas, 1916.

Tennekes, H., Koster, P. "Iglesia y peregrinos en el Norte de Chile: reajustes en el balance de poderes". En *Cuaderno de Investigación Social*, N° 18. Centro de Investigación de la Realidad del Norte. Iquique. 1986, pp. 57-86.

Valko, Marcelo L. "Memorias y resistencia. La fiesta de Ekeko-Alasitas en Copacabana. En Lepe y Granda (eds.), *Comunicación desde la periferia: tradiciones orales frente a la globalización*. Barcelona: Instituto Tecnológico y de Estudios Superiores y Anthropos Editorial, 2006.

II. Estética de la animita y arte

LAS CRUCES DE LA MALA MUERTE
EN LA COSTA NORTE DEL PERÚ

CLAUDIA LIRA LATUZ

Voy camino a Chiclayo, en la costa norte del Perú, abordo de una moto con carrito que había contratado *ex profeso* no solo por lo exótico del móvil, sino porque por lo barato me permitía recorrer una mayor extensión de territorio. Al mismo tiempo dejaba ver claramente el borde del camino, facilitando la petición abrupta al conductor para que se detuviera a fin de fotografiar animitas peruanas. Durante un largo trecho me miró con recelo, pero en silencio, hasta que de pronto me preguntó: ¿por qué le toma fotos a esas cruces? Le comenté que me parecían interesantes y, que en Chile también se hacían. Se llaman animitas, le dije y le pregunté: ¿Y aquí cómo les dicen? No sé, contestó y volvió a caer en un distante silencio. Después de un rato, sin mediar comentario, dijo: Les decimos mala muerte. Su respuesta me recordó la visión medieval de la muerte, ya que en aquella época toda muerte sin aviso, inesperada y trágica, sin los sacramentos, con los asuntos financieros-familiares no resueltos y, en solitario, era considerada una horrible forma de morir, sobre todo porque implicaba la desconexión con lo sagrado, en cuanto el hombre bueno recibía presagios que le permitían cerrar sus asuntos para morir en paz, rodeado de sus seres queridos.

Iniciamos esta reflexión con esta anécdota a fin de vincularla con el comentario del cronista Francisco Mendieta, citado por Serge Gruzinski en el libro *La guerra de las imágenes*: "Sus ídolos eran muy malos y les hacían errar y no eran dioses sino cosas malas y les llevarían al infierno sus ánimas" (43). La mala muerte es un signo que presagia un mal destino para el ánima, cuya base es la consecuencia lógica de que se muere así como se ha vivido. Al mismo tiempo el nombre asignado a las animitas en la costa norte del Perú evidencia la continuidad de una creencia, a saber: el miedo occidental a la pérdida del ánima, conectada en este texto con la fe en falsos ídolos. La mala muerte es símbolo de la escisión entre lo profano y lo sagrado, lo que impide al ánima a alcanzar su meta final: la salvación, el cielo. Como consecuencia de esto, las animitas que florecen a la vera del camino son el resultado de un temor expresado en un culto que ritualiza el acceso del alma a la vida eterna, pues a través de rezos y devoción ayudamos al ánima a trocar su destino por otro, el de acceso a la otra vida. Pero, al mismo tiempo, permite la pausada despedida de los deudos con el fallecido, transformando la mala muerte en una buena muerte, ya que el ánima deviene un ser que se comunica con Dios, porque se ha purificado/sanado a partir de lo cruento del morir, es decir, su martirización le permite trocar su destino incierto por otro definido, santificado, gracias al cual la animita adquiere el rol de intermediaria ante los creyentes.

En Chile, la animita es un objeto instalado en el espacio público a raíz de una muerte inesperada, accidental, muchas veces trágica y brutal. Su aparición no es instantánea, sino un proceso sujeto a los rasgos de la muerte acaecida. Los restos del fallecido y la sangre derramada son tratados ritualmente: los primeros son asumidos como lo entrañable, se recogen y acumulan en el sitio del suceso (como prueba del hecho) hasta quedar como elementos que acompañarán, posteriormente, a la animita. La sangre es una extensión de la vida del difunto que marca, demoniza y sacraliza el espacio. Ambos elementos son asistidos con profundo respeto y cuidado, pues se cree que el ánima queda prendida de ellos.

De esta manera, es necesario consagrarlos por medio de las flores, las velas y los rezos, primeras manifestaciones religiosas en torno al ánima. Las velas alumbran, despejando el camino hacia el otro mundo, le permiten al finado verse en su nueva condición, aceptarla y apaciguarse. Por otro lado, tras la tragedia viene a los deudos la imagen del ser querido en plenitud, el recuerdo de momentos memorables; las flores serían el símbolo de esa vida en plenitud. Ellas son vida, son depositadas sobre quien ha muerto (el féretro o el sitio del suceso) para expresar el inicio de otra vida (creencia común en muchas religiones). Las flores aparecen también para expresar cariño, admiración y agradecimiento. Finalmente, los rezos calman al ánima, la depuran y la ayudan a alcanzar el estado de paz necesario para remontarse al otro mundo. Igualmente canalizan el dolor de los deudos, reuniéndolos en torno a una causa común: salvar al ánima de su aciago destino. Luego comienza el peregrinaje al sitio del accidente, como si algo del fallecido (aquello que tocó su cuerpo), incluso su hálito final, hubiera marcado ese espacio definitivamente. El espacio no será el mismo ni para los más cercanos ni para quienes hayan presenciado el accidente; tampoco para el ánima, pues queda ligada a él para siempre. Este *para siempre* es extraño, porque el ritual apunta a liberarla de su vagar transitorio para que pueda superar esa condición yéndose al cielo. Sin embargo, suponemos que, tras su liberación, el ánima queda conectada a este sitio, haciendo de la animita un canal que comunica al cielo con la tierra.

Dado que no existe un hacedor de animitas, queda en evidencia el manejo de una morfología inconsciente de parte de los creyentes, una adquirida en el trato con ellas, en ese verlas por ahí en los caminos. Sin embargo, cuando se toma la decisión de instalar una, debe surgir la pregunta: ¿qué hacer y cómo hacerlo? Eventualmente, se encuentra a personas que realizan grutas para la Virgen y que tienen un anuncio que señala: "Se confeccionan animitas". Lo normal es que su construcción sea asumida por artesanos improvisados que manejan esta noción inconsciente donde prepondera la visualidad. El respeto a la hechura tradicional de la animita se debe a que la forma cumple una función crucial para el descanso del ánima y su posterior relación con los deudos y creyentes, es decir, lo estético cumple un rol primordial dentro del culto. La forma debe acoger y apaciguar al ánima, canalizar su proceso de cierre y despedida de este mundo, el que ha sido violentamente interrumpido. De ahí que la estética de la animita derive de la morfología religiosa católica y de la estética funeraria asociada a ella. De esta manera, la influencia morfológica del objeto es efectiva sobre el espacio marcado por la muerte y sobre el estado anímico del fallecido: la pena. Para apaciguarla se hace necesaria una manufactura estética o una producción simbólica que exorcice tanto al espacio como al ánima, que a la vez establezca lazos de comunicación con el alma del fallecido y con los deudos/ creyentes, donde estos también puedan estar.

En Chile, la morfología de la animita se puede resumir en una tipología constante en su variabilidad porque deriva de un canon tradicional. La más frecuente es la casa, referente del hogar en el que se quisiera estar, en lo familiar, donde se debería morir. Luego viene la iglesia, la casa de Dios y la gruta, lugar de la aparición de la Virgen, el útero. Todos son espacios de recepción, nidos, arquitectura que contrarresta el estado maldito en que queda el ánima: errante, huérfana, en un no sitio. El terror de quedar sin hogar, a la vera del camino, sin un trozo de tierra propio, comparece aquí como un miedo que subyace tras el culto. Por esto mismo, también es posible encontrar animitas con forma de tumbas o lápidas (de las mismas usadas en los cementerios) y de monolitos (frecuentes en bomberos y carabineros). Pero existen otras estructuras ligadas a la profesión: comisarías, circos, embarcaciones, taxis y algunas derivadas de lo que regocijaba al finado, que lo hacía sentirse realizado, como cascos de moto, etcétera, que muestran otras lógicas, la de dar el gusto al ánima, para apaciguarla, pero también de recordarla en aquello que la hacía sentir la plenitud de la vida.

A pesar de presentar una morfología estable, la animita no es un objeto elaborado en serie. Cada casa es individual, pues expresa al ánima o, en otras palabras, es su identidad, sobre todo porque muchas de ellas respetan la estética del entorno, es decir, son barriales o regionales. Vinculan al ánima con su hogar y la pertenencia local, es decir, se unen a una identidad tanto individual como colectiva. Así, la animita es una construcción que fluctúa entre un diseño canónico, pero original, ceñido a un parámetro cultural (pacificador-refugio) hasta la copia, que recupera la pertenencia a una región o credo (copia de la iglesia de La Tirana, realizada por devotos que perdieron a sus seres queridos en su viaje a la fiesta). La animita muestra y reivindica la creencia en una religión (cristiana), pues no solo utiliza formas religiosas y funerarias derivadas de ella, sino también sus colores sagrados como el blanco, el celeste y el amarillo.

La investigación en terreno permite afirmar que la animita responde a una estética basada en un canon que se ve influenciado por hitos religiosos locales, incluso por la tradición arquitectónica regional y por una identidad expresada en la asunción de un paisaje (en el valle del Elqui, por ejemplo, la mayoría de las animitas son verdes) y su clima (se utilizan materiales y formas pensando en el uso y en la permanencia del objeto tanto como en los materiales locales), es decir, que respeta y reafirma la estética del entorno (por ejemplo, las casas de palafitos en Chiloé; los techos de totora en Cachagua, etcétera). En resumen, la forma de un objeto ritual-religioso nunca es arbitraria, pues cumple una función ligada al culto-creencia que le da nacimiento. Asimismo, la función no es independiente de la estética que impregna internamente al objeto, ya que es pensado en perspectiva del uso. Lo estético –la superficie, la forma, los colores– son vitales para que el uso ritual sea efectivo, en cuanto este transmite un sentido que hace posible, en este caso, la captura, el apaciguamiento y la toma de conciencia de la propia muerte por parte del ánima, resguardando la tranquilidad de los deudos que aspiran a que el objeto simbólico beneficie al alma del difunto, ascendiéndola a su próxima morada tanto como que les permita canalizar su duelo y realizar el culto. Sin embargo, hay que dejar en claro que la morfología antes mencionada en un análisis general de la figura de la animita no incluye la variabilidad que esta presenta en contextos locales, como las de narcos en las poblaciones, entre otras.

Debido al valor y sentido que tiene la estética de la animita en la transformación del destino o descanso del alma en su traspaso a otro mundo, a su rol de ancla-hogar, analizaremos la presencia de un tipo de cenotafio de la costa norte del Perú, denominado capilla, nicho o cruz de la mala muerte. El análisis se basa en un trabajo en terreno realizado en la zona entre Trujillo y Chiclayo. El prototipo seleccionado es una cruz que puede ser simple o elaborada (tallada), de madera o metal, que descansa sobre un montículo de tierra o sobre una elevación simple de cemento o peldaños (entre dos y siete).

Es evidente que la forma básica de la animita debió ser solo la cruz: símbolo de la muerte feroz y despótica, pero salvadora en el cristianismo. Este símbolo introduce la noción de transfiguración-redención, ya que tras el sacrificio vicario de Cristo se hace posible la vida eterna, es decir, se establece la creencia de la vida después de la muerte. No es extraño que, en este contexto, todo aquel que fallece crudamente sea proyectado a la categoría de mártir, purificado y transformado por la muerte. El arquetipo impregna al ánima, permitiéndole trocar su condición y capacidades.

Históricamente, la mutación y relevancia de la cruz se inicia con la pasión y muerte de Cristo. Luego, Santa Helena, madre de Constantino (el primer emperador cristiano que abolió la pena de muerte por crucifixión), viaja a Jerusalén para buscar la Santa Cruz. Ubicado el sitio probable de la crucifixión, mandó a excavar para encontrarla, a raíz de lo cual fueron halladas tres cruces en el mes de mayo[38] y un milagro logró identificar la de Cristo: una mujer nacida enferma tocó la Cruz y sanó. Entonces, se construyeron dos templos, uno para la Cruz y otro para el Santo Sepulcro. Una parte de la Cruz

---

[38]   La Fiesta de la Cruz de Mayo se relaciona con este hallazgo y en el contexto andino con la agricultura y la constelación de la Cruz del Sur.

fue mandada al emperador. La pérdida de Jerusalén, en el año 614, hace que el rey persa Cosroes II se apodere de la Santa Cruz, la cual regresa a Jerusalén en las manos de Heraclio.[39] Tras este hecho, ocurrieron sucesos semejantes a los que acontecían cuando Jesús vivía: "Al poco tiempo resucitaron varios muertos", sanaron paralíticos, leprosos, ciegos e "innumerables enfermos se recuperaron" (Louvier: 587).

En el siglo XIII, Santiago de la Vorágine elaboró gran parte del texto *La leyenda dorada*, en el que se sigue la trayectoria de las historias de santos, fiestas e íconos católicos. A propósito de la Cruz, dice:

> Antes de la Pasión de Cristo la Cruz connotaba vileza, aridez, ignominia, tenebrosidad, muerte y hedor; vileza porque las cruces se confeccionaban con madera de ínfima clase; aridez, porque el suelo del monte calvario era estéril y plantárase lo que se plantara, jamás daba fruto alguno; ignominia, porque la crucifixión constituía un género de suplicio generalmente aplicado a los ladrones; tenebrosidad, porque la cruz era instrumento siniestro y feo; muerte porque los crucificados inevitablemente morían; y hedor porque el terreno en que las cruces se hincaban después de colgar en ellas a los reos estaba lleno de cadáveres (Louvier: 585).

Lo más indigno hizo que lo más digno pudiera cumplir su destino. De ahí que se piense que la muerte de Cristo no solo salva a la humanidad, sino también a la Cruz, pues ella colabora de manera activa en la promesa de Cristo: morir asumiendo todo el dolor de la humanidad a fin de redimirlos a todos. Así, la Cruz se vuelve "dulce madero", ya que solo ella tuvo el "insigne privilegio de tener colgado en sus brazos al mayor tesoro del universo" (Louvier: 587). San Andrés señala al respecto: "Después de la Pasión de Cristo la cruz quedó sumamente ennoblecida, magníficamente exaltada, y sus connotaciones se modificaron tan radicalmente [...] que San Andrés al saludarla exclamó: "Salve, Oh cruz preciosa" (Louvier: 585).

En la *Liturgia de las horas* se alaba de modo constante a la figura de la cruz, por ejemplo, en esta antífona de los Laudes, la cual reza: "Por la Pasión de Nuestro Señor, la Cruz no es un patíbulo de ignominia, sino un trono de gloria. Resplandece la Santa Cruz, por la que el mundo recobra la salvación.

---

[39] A partir de lo cual se establece la fiesta de la Exaltación de la Cruz, el 14 de septiembre.

¡Oh Cruz que vences! ¡Cruz que reinas! ¡Cruz que limpias de todo pecado! Aleluya" (Louvier: 585).

De suerte que los adjetivos negativos mutan a sus contrarios: la vileza en preciosidad; la aridez en fertilidad; la ignominia en excelencia; la tenebrosidad en claridad y el hedor en "magnífica fragancia". San Agustín declarará: "Lo que era suplicio de ladrones pasó a la frente de los emperadores". Crisóstomo dirá: "El día del juicio, veremos como la cruz y las cicatrices de Cristo brillan más intensamente que los rayos del sol" y la Iglesia establecerá que "lo que antes era mortal patíbulo, ahora es fuente de vida". La nueva visión de la cruz incluyó a todos los elementos que colaboraron en la pasión y muerte de Cristo. De ahí que los clavos, la escalera, la lanza, entre otros, sean catalogados también como dulces. Lo que es decidor a la hora de comprender el ícono denominado Kaypin Cruz.

Durante la Edad Media, la Cruz fue identificada también con un árbol capaz de redimir el efecto del primer árbol que produjo la fruta del pecado original. La iconografía solía poner una calavera a los pies de la Cruz para ejemplificar que la sangre derramada de Cristo había lavado el pecado de Adán (elemento que todavía se observa en el arte o artesanías de la Cruz).

Así, la presencia de la Cruz permite la restitución del orden, tanto como la manifestación milagrosa. Con estos antecedentes del significado queremos avanzar hacia el significante religioso, esto es, al uso concreto del "objeto" cruz en el espacio no religioso, siguiendo la expansión del ícono por el territorio español, pues el referente más próximo del cenotafio peruano proviene de este uso. Para ello, nos detendremos en Galicia, lugar que conserva el mayor número de cruces de los siglos XII al XVII, utilizadas para delimitar y proteger el espacio de los creyentes y las ánimas.

Dentro de lo que podríamos denominar la tipología de la Cruz se encuentran los *cruceiros de parada* y los *cruceiros de término*; el primero se ponía por donde pasaban las procesiones o entierros y poseían un altar donde se rezaba o se depositaba el féretro; el segundo, señalaba el límite de una parroquia y su función principal era mantener alejados a los espíritus malignos. Para el tema que tratamos, vale destacar las llamadas *encrucilladas* puestas en los cruces de caminos para evitar la Santa Compaña (procesión de muertos o ánimas en pena que desde la medianoche caminaban errantes por los caminos, visitando hogares donde pronto moriría alguien) o alguna alma solitaria errante. En su base se solía enterrar *anxeliños*, niños que fallecían sin haber sido bautizados, por lo que no se les podía enterrar en el cementerio, pues quedaban en el limbo de los justos. Los familiares solían realizar marcas en ellos para identificar a su difunto. Esta práctica gallega se relaciona de manera directa con la animita, pues, aunque el cuerpo no es enterrado en el sitio del deceso, reitera la búsqueda, por parte de los deudos, de un sitio sacro y salvador para proteger al ánima.

Algunas personas mandaban a edificar su propio cruceiro para expiar sus pecados. Estos eran llamados penitenciales o expiatorios, y también se podían encargar a nombre de otros a los cuales se les hubiera hecho algún daño (ejemplo de este es el de Armenteira encargado por los ladrones que asaltaron el monasterio). Los cruceiros no son exclusivos de Galicia; existen asimismo en la Cornisa de Cantabria, en Castilla y León, en Portugal, Brasil, Irlanda e Inglaterra. Igual cabe destacar el uso de la cruz en los espacios religiosos como iglesias, monasterios, conventos y cementerios. Uno de los tipos más extendidos era el Calvario donde se recordaba las estaciones de la Pasión de Cristo.

Los significados y significantes de la cruz estaban en la enseñanza oral y escrita de los españoles que llegaron a América. El poder de la cruz era inmenso, por ella y gracias a ella habían podido conquistar y vencer a los enemigos de la cruz: los herejes. Al mismo tiempo, su misión era dar a conocer la salvación que implicaba ponerse bajo su alero. Pues la cruz hasta hoy es:

> El escudo y el trofeo contra el demonio. Es el sello para que no nos alcance el ángel exterminador, como dice la Escritura (cfr. Ex. 9, 12). Es el instrumento para levantar a los que yacen, el apoyo de los que se mantienen en pie, el bastón de los débiles, la guía de quienes se extravían, la meta de los que avanzan, la salud del alma y del cuerpo, la que ahuyenta todos los males, la que acoge todos los bienes, la muerte del pecado, la planta de la resurrección, el árbol de la vida eterna (San Juan Damasceno, *De fide ortodoxa*, IV, 11, citado por el padre Fernández).

Al arribo de los españoles a América, la cruz era un símbolo paradójico que recordaba tanto el dolor como el amor; la injusticia y la justicia; la precariedad y la plenitud. Contaba con una larga trayectoria de victorias sobre el paganismo europeo, de lugares re-semantizados por el poder milagroso-salvador del ícono. Gracias al estudio realizado por Gruzinski, basado en las crónicas de Colón y en los primeros cronistas religiosos radicados en México, podemos rastrear parte del itinerario de la cruz en este período. Este investigador plantea que la cruz, la Biblia y la imagen de la Virgen fueron los primeros elementos sagrados mostrados a los indígenas. En un segundo momento, Hernán Cortés, quien asumió un rol protagónico en la conquista, usó la religión como herramienta para demonizar y dominar a los dioses autóctonos que pasaron a considerarse, de ahí en adelante, ídolos y, posteriormente, demonios. En la lucha contra la idolatría, la cruz cumplió el rol mágico de expulsar y limpiar todo lugar pagano como ya había ocurrido en Europa. Los españoles, cuya batalla principal era luchar contra el poder del demonio, realmente creían y contaban con el poder de la cruz.

Cortés insistió y consiguió la instalación de la cruz y de la imagen de la Virgen en el Templo Mayor en la ciudad de Tenochtitlán junto a los otros dioses. El cronista soldado Bernal Díaz del Castillo escribirá al respecto: "Su presencia bastaría para aterrorizar a las efigies indígenas, pues de la cruz emana un poder capaz de subyugar y aterrorizar las imágenes paganas" (Gruzinski: 47). Es crucial destacar el rol que los españoles le atribuían a la cruz, ya que su poder devastador sobre los demonios (dioses locales) sigue presente en Perú, donde se instalan cruces en la cima de las montañas (antiguas huacas) hasta donde tratan de llegar las almas de los condenados para salvarse, sin éxito, pues resbalan antes de tocarlas.

Cortés contaba con la fuerza que emanaba del ícono, la fuerza de las armas se potenciaba o sería innecesaria gracias a ella. Más tarde, este acto fue considerado por los franciscanos un error y un sacrilegio. En un intento por repararlo iniciaron una reeducación de los indígenas que implicó la purificación-devastación de todo vestigio de los dioses locales, lo cual incluyó la purgación-transformación del crucifijo, pues se encontraron con el problema de la inclinación espontánea de los indígenas a la adoración de imágenes. La confusión se generaba al contemplar el cuerpo flagelado de Cristo, pues se parecía demasiado a los sacrificados a los dioses. No debía mezclarse el sacrificio pagano con la muerte voluntaria, vicaria de Jesús; de ahí que se decidiera sacar la representación de Cristo de las cruces de madera y de piedra. A partir de entonces, en lugar del cuerpo sangrante de Cristo, se expondrían los símbolos de la pasión.

Por otro lado, los extranjeros supieron reconocer que estaban ante fuerzas (creencias) que no podían controlar por medios profanos, es decir, no bastaba con desacreditar o destruir las imágenes, sino que era necesario someterlas a una fuerza superior, a otras imágenes sagradas. Convengamos aquí, a modo de ejemplo, que el estado de ánimo del ánima, la pena, es considerada digna de exorcizarse y solo la cruz sería capaz de atraerla y calmarla bajo la lógica del poder mágico que el ícono posee.

Este ícono, creado en México en el siglo XVII, se extendió por todo Perú. Se encuentra tanto en la salida de las iglesias como en las calles de cualquier ciudad. La ofrenda clásica de los devotos pudientes es una estola, bordada con hilo de oro, que incluye los nombres de los donantes. La *kaypin cruz*,[40] como se denomina en el altiplano, es una fuerza benéfica que protege y esparce su energía positiva por barrios y campos. En la sierra, suele ponerse sobre los tejados tras una ceremonia de limpia de la casa y se le denomina *safa cruz*. Esta se deposita sobre una base que puede ser semipiramidal, escalonada o emulando la cima redondeada de un cerro. Sobre ella se pinta o adiciona una pintura del rostro de Cristo y alrededor de la cruz aparecen los elementos de la pasión que se mencionan al final del texto.

La presencia milagrosa de la cruz no se halla solo en relatos, sino también en prodigiosos hallazgos de devotos que las descubrían en cuevas en las montañas. En la zona que investigamos fue hallada en el interior de una de ellas, una cruz que se denominará en el siglo XIX, alrededor de 1860, la Cruz de Chalpón de Motupe. Se dice que fue creada y puesta ahí por un piadoso fraile franciscano, quien habría fabricado tres para depositarlas en distintas cumbres con el fin de que fueran encontradas para su adoración. En la actualidad, la cruz está resguardada por una capilla, largas escaleras talladas en piedra permiten llegar hasta ella. Es el antecedente morfológico más cercano al cenotafio peruano, pues lo común es que el nicho siga la iconografía sagrada de la zona. Cabe destacar que la *kaypin cruz*, o las diversas cruces sagradas de Perú, no pueden compararse con el culto que reciben en Chile, pues este se ha desdibujado en nuestro país. En Santiago, hasta el momento, se ha encontrado solo una *kaypin cruz*, ubicada en el exterior de la iglesia la Viñita a los pies del cerro Blanco en Recoleta, erigida según la tradición por mandato de doña Inés de Suárez en honor a la Virgen de Monserrat.

Es notable que en la base de la *kaypin cruz* se conserve todavía el siguiente texto: "cuarenta días de indulgencia por un credo". Prueba de la pérdida de esta devoción, es que la única referencia que tenemos de ella, la descubrimos en el arte carcelario (incluso este ya no se realiza). La *kaypin cruz* aparece con el cuerpo de Cristo y con los símbolos de la pasión. Esta artesanía refleja la

---

[40] *Kaypin cruz* (el *ecce crucis* latino = "he aquí la cruz", en referencia a las estaciones de la vía crucis), y *kaypin cruz* ("de esta cruz a otra cruz"), con su variación de -m a -n, tienen un sutil juego de sentido. La expresión popular kaypin cruz (con el posesivo -n = "su aquí (sic) de la cruz") designa el andaluz "ir de rosario" o el limeño "hacer las estaciones", con evidente prescindencia del significado de "cruz" (Velázquez Cabrera).

pérdida del patrimonio religioso, ya que un ícono tan relevante para la comunidad cristiana ha dejado de significar en el espacio religioso actual. Por otro lado, representa el doble encarcelamiento del patrimonio que queda como una práctica para aquellos que están privados de libertad. Sería interesante averiguar si estos talleres eran impartidos por la orden franciscana de Santiago. El hecho de que la *kaypin cruz* no sea un ícono relevante en Chile explica que no sea un referente canónico para las animitas y que si lo sea en el Perú en donde todavía es objeto de un profundo culto. Junto a la Cruz, más aún en la *kaypin cruz* (he ahí la Cruz) para salvar las almas de los que mueren a la vera del camino.

Imagen N° 1

Imagen N° 2

Imagen N° 3

En la primera fotografía apreciamos un *cruceiro* ubicado en Galicia. Morfológicamente es el antecedente de la capilla (animita) de la costa norte del Perú (imagen N° 2). El *cruceiro* español tiene la imagen de Cristo crucificado por un lado y la de la Virgen María por el otro. La capilla solo tiene la cruz con el nombre y la fecha del accidente. En la misma zona, pero en la sierra, cada deudo deja una cruz al momento del entierro del difunto en el cementerio. Así, cada tumba suele tener entre cinco a siete cruces. La acumulación del ícono ayuda a mostrar afecto-compañía y a santificar el espacio. En la sierra también se suele realizar una ceremonia cuando se traslada de lugar la capilla. El chamán, por medio de una cruz, invoca al ánima para explicarle lo del traslado. Ella sencillamente sigue a la cruz, la que es depositada en el nuevo espacio.

La imagen N° 3 muestra otra variante de Cruz de la Mala Muerte, siguiendo el canon de la *kaypin cruz*.

Imagen N° 4

Imagen N° 5

Imagen N° 6
Kaypin Cruz. Calle de Pimentel, costa norte Perú.

Imagen N° 7
Kaypin Cruz, iglesia La Viñita, Recoleta.

En la imagen N° 4, se aprecia una *kaypin cruz* antigua que se ubica en el museo de artesanía del Cusco. En la N° 5 se muestra una *kaypin cruz* hecha en Chile, arte carcelario, propiedad de Carlos González Vargas.

En las imágenes N° 6 y 7 se contraponen dos *kaypin cruz*. La primera se ubica en el balneario de Pimentel, en la vía pública, y la segunda en el patio exterior de la iglesia La Viñita, en Recoleta.

A continuación exponemos los símbolos de la pasión que contiene la *kaypin cruz*:

Sol y luna

Atingencia a la oscuridad producida en la muerte de Cristo. El sol es un disco de color claro o en forma de cara y con rayos. La media luna es una simple o una menguante con cara.

Lanza

Longinos atravesó el costado derecho de Cristo para verificar su muerte. A veces lleva flecos.

Esponja

Hiel y vinagre. Embebieron la esponja alcanzada a Cristo.

Jarra

Con la hiel y el vinagre alcanzados a Cristo. También se la relaciona con la samaritana evangélica para significar el "agua de la vida" brotada de su costado.

Escalera

Para el descenso del cuerpo de Jesús. A veces dos, por confusión con la lanza y la vara de la esponja que van paralelas al otro lado de la cruz.

Clavos

Son tres clavos de triple arista usados en herrería.

Martillo

Complemento de los clavos.

Tenazas

Para desclavar a Cristo.

Siglas SPQR

Parte alta de la cruz: *Senatus Populusque Romanus* = "Senado y pueblo de Roma". A veces reemplaza el INRI.

Gallo

La triple negación de Pedro "antes que cante el gallo".

Paño de la Verónica
Es la huella del rostro de Cristo enjugado por la Verónica.

Corona de espinas
Burla para el "rey de los judíos".

Dados
Refieren la rifa de las ropas de Cristo.

Túnica
Se le colocó un manto púrpura significando la locura de la misión de Cristo.

Sudario
Donado por Nicodemo, para sepultar a Jesús.

Trompeta
Anunciará el juicio final.

Balanza
En el juicio final se evaluará el bien y el mal de cada alma.

Espada
De Pedro que cortó la oreja del centurión. Con diversas formas: sable, cimitarra, yatagán o daga.

Calavera
Con las tibias, simboliza la muerte. El monte de la crucifixión fue el Gólgota, "lugar de la calavera" o "monte Calvario", en arameo. El segundo Adán ha muerto en ese monte.

Tibias
Cruzadas, acompañan la calavera.

Corazón
Del Cristo Rey.

Cáliz
La sangre y el vino de la última cena. Acto de comunión cristiana.

Soporte
Escabel simple bajo los pies para prolongar la respiración del que agoniza.

Soga
Para el descenso del cuerpo de Cristo.

Bolsa
Con los 30 denarios de la traición de Judas.

Columna
Trunca, donde se amarró a Cristo para la flagelación.

Látigo
De la flagelación de Cristo.

Rayo
Una tormenta "rasgó los cielos" luego de la muerte.

Segueta
Recuerda el oficio de carpintero de Jesús.

Guante
O mano. Jesús fue golpeado con manoplas durante el interrogatorio en el palacio de Caifás.

Paloma
Blanca, sobre la cabeza, es el Espíritu Santo.

Libro
Representa los evangelios.

Corona real
Aditamento removible de la cruz. Sobre la cabeza de Cristo Rey solo durante la festividad.

Palma
Atingencia al Domingo de Ramos, previo al de la Resurrección.

Cuerno
Shofar, corno sagrado del rito judaico.

Farola
Fanal o linterna utilizada en la tarde del prendimiento de Cristo.

REFERENCIAS

De la Vorágine, S. *La leyenda dorada*. Vol. 2. Madrid: Alianza Editorial, 1982. Medio impreso.

Gruzinski, S. *La guerra de las imágenes. De Cristóbal Colón a Blade Runner (1492-2019)*. México: Fondo de Cultura Económica, 1994. Material impreso.

Louvier, J. *La cruz en América*. México: Librería Parroquial de Clavería, 1992. Material impreso.

Padre Francisco Fernández Carvajal. Fiesta. Exaltación de la Santa Cruz. San Juan 3, 13-17. http://homiletica.org. Trabajo en terreno en la costa norte del Perú. Desde la zona de Tumbes en la frontera con Ecuador hasta Trujillo.

Plath, Oreste. *L'Animita. Hagiografía folclórica*. Santiago de Chile: Fondo de Cultura Económica, 2012. Material impreso.

Ojeda, L. y Torres. M. (2011). Animitas. Deseos cristalizados de un duelo inacabado. Fondart Regional Valparaíso.

ANIMITA: RESISTENCIAS FRENTE AL OLVIDO

María Elena Retamal Ruiz

> *Sentado sobre los muertos*
> *que se han callado,*
> *beso zapatos vacíos.*
>
> Miguel Hernández

Las animitas se constituyen como marcas en el territorio de una ciudad y transforman ese lugar en un espacio de fuerte significación ritual, puesto que recuerdan el sitio donde aconteció una muerte trágica. La tradición popular narra que, si bien es cierto, los restos del inocente descansan en el cementerio, su alma deja impresa su huella en el sitio de su desaparición.

El arte contemporáneo chileno y latinoamericano ha explorado en las posibilidades artístico-políticas que la animita, como espacio de intervención metafórica, propone como lugar de memoria colectiva y resistencia frente al olvido.

Animita: entre la ruina y la sombra

La reflexión en torno a la animita que quisiera proponer para este relato, surge desde ciertas consideraciones alrededor de la desaparición y la representación de un cuerpo ausente. Recordemos que el cuerpo de la víctima no se encuentra en el lugar de su deceso, sino en el cementerio, por lo que la animita actuaría como el soporte de aquellas resistencias frente al olvido, al intentar mediante la representación conservar el recuerdo de la víctima en el sitio de su muerte.

Para establecer un cruce entre ese cuerpo ausente en la animita y la evocación del cuerpo que la animita, como representación, produce, me gustaría proponer algunas consideraciones que surgen en los orígenes de la pintura y la plástica, y que son comentados por Plinio en su *Historia natural*.

Según el autor, ambas disciplinas surgen de aquella acción de marcar con líneas el contorno de la sombra proyectada de un hombre, por lo que señala:

> La primera obra de este tipo la hizo el alfarero Butadas, sobre la idea de su hija enamorada de un joven que iba a dejar la ciudad: la muchacha fijó con líneas los contornos del perfil de su amante sobre la pared a la luz de una vela. Su padre aplicó después arcilla sobre el dibujo, al que dotó de relieve, e hizo endurecer al fuego esta arcilla con otras piezas de alfarería. Se dice que este primer relieve se conservó en Corintio, en el templo de las Ninfas" (Stoichita: 15).

A partir de este relato podríamos suponer que los griegos llegaron a la plástica mediante la proyección de sombras. La representación actuaría, entonces, en este contexto poético como una figura de sustitución. La imagen fija el recuerdo, posibilitando que en el transcurrir del tiempo lo ausente no sea olvidado, incluso yendo más allá, suponiendo que la imagen evoca su propia desaparición en el acto de retener aquello que se ha ido.

Victor Stoichita, en su texto *Breve historia de la sombra*, establece la siguiente síntesis interpretativa al texto de Plinio.

> 1.- La hija crea una imagen sustitutiva con una doble función: recordar el rostro del amado que se va (de viaje, a la guerra) y exorcizar los peligros que le asaltan.
>
> 2.- El joven muere (seguramente de manera heroica en la guerra). Este episodio no figura en el texto de Plinio.
>
> 3.- (puesto que el amado muere) el padre crea un simulacro que tiene la función de doble del desaparecido. Este doble está provisto de "alma" (bajo la forma de sombra) y de "cuerpo" (bajo la forma de receptáculo de esta alma).
>
> 4.- El simulacro de arcilla se convierte en objeto de culto en el templo Corintio (22).

En este punto quisiera abrir la reflexión hacia lo que nos convoca, pues la tradición que coopera con la aparición de las animitas, como se ha señalado en este coloquio, presupone el recuerdo de aquellas personas que han fallecido trágica y violentamente, por lo cual en el mismo lugar de su muerte se construye una pequeña casita (de varias formas) que se adorna con flores y velas, convirtiéndose en un lugar de remembranza para amigos y familiares de la víctima. Porque si bien los restos del difunto descansan en el cementerio, en este lugar acontece su desaparición, el cuerpo ha dejado de ser, ha perdido su condición humana, ha dejado de existir, se ha vuelto recuerdo y ausencia.

La naturaleza de la animita marca el lugar donde el cuerpo deja impresa por última vez su huella vital. Este será el eje simbólico-ritual que la consagra, aquella conexión física que establece entre cuerpo y lugar, pues como lo refiere Feres, la muerte no sería más que una "separación aparente", el ánima sigue viviendo, es decir, sufre o es feliz. Es alguien que "sigue estando allí presente". A partir de esto, propongo una mirada sobre tres trabajos artísticos, instalaciones, específicamente, que abren el diálogo sobre esa memoria en torno al cuerpo desaparecido.

Animita: resistencias frente al olvido

PERÚ

Según el Informe Final de la Comisión de Verdad y Reconciliación, realizado por los organismos de Derechos Humanos en Perú, entre 1980 y el 2000 perdieron la vida cerca de setenta mil personas a lo largo del territorio nacional[41] a causa de la violencia armada. Esta situación dejó de manifiesto en la sociedad peruana, como plantea el Informe, "la gravedad de las desigualdades de índole étnico-cultural" que aún prevalece en el país. Y es que la violencia impactó desigualmente los distintos espacios geográficos y a diferentes estratos de la población. Una tragedia humana de estas proporciones puede resultar inverosímil, pero es la que sufrieron las poblaciones del Perú rural, andino y selvático, quechua y asháninka, campesino, pobre y poco educado, "sin que el resto del país la sintiera y asumiera como propia", estableciéndose una clara relación entre violencia, pobreza y exclusión social, que vino a profundizar las desigualdades y que se encarnizó, principalmente, con la población campesina de los Andes, la cual histórica y sistemáticamente ha sido postergada en Perú.

Olga Flores, artista visual peruana, en su serie *Melancólicas, el mundo enajenado*, apela a esta desazón mediante la reconstrucción del imaginario afectado, es decir, la memoria, materializando en la impresión serigráfica aquellas imágenes fragmentadas, porque, como ella misma explica: "Los sentimientos de melancolía y tristeza paralizan el pensamiento, provocando un estado anímico conducente a la inmovilidad, al ensombramiento del cuerpo, frente al temor y la amenaza [...] convierte lo percibido en un estado de pesimismo insoportable"[42].

Su obra, desde la noción reiterativa que posibilita la serigrafía, apela a aquellas acciones repetidas que intentan reconstruir un mundo fragmentado, mediante la recuperación de imágenes, instantes y recuerdos. Tal como señala Walter Benjamin, "gracias a la fuerza de la repetición inherente al hecho de contar fábulas, el niño y el adulto mismo que narra estarían en condiciones de huir del 'terror'" (32), y de aquellas violencias del mundo para dejar abierta la puerta de los sueños.

Melancólicas, el mundo enajenado está conformada por un conjunto de cinco figuras de 180 cm de alto por variadas medidas de ancho, dispuestas a lo largo de una pared. Cinco siluetas hieráticas que escudriñan en historias míticas: las muñecas andinas, figuras presentes en complejos funerarios dentro

---

41   Para mayor información, véase: "Informe Final de la Comisión de Verdad y Reconciliación". Fecha de ingreso: 18 de abril de 2013. <http://www.derechos.org/nizkor/peru/libros/cv/i/1.html.>

42   Referencias de la propia autora, en su proyecto "Evocación de signos de melancolía en la reconstrucción de un mundo fragmentado", texto no publicado.

o fuera del ajuar. Figuras que acompañan el cuerpo y que en cierta forma, son la huella del mismo, su propia presencia.

Las muñecas andinas de Olga Flores aparecen como la representación de aquellos cuerpos ausentes, los que, como una animita, recuerdan aquellas marcas de violencia y dolor de una sociedad entera. No es casual que la "provincia más identificada con el sonido y las furias de la violencia" (Buntinx: 32), haya sido la zona de Ayacucho, rincón o morada de las almas (muertos) en quechua.

GUATEMALA

El 24 de abril de 1998 la Iglesia católica presenta a la opinión pública el informe *Guatemala Nunca Más*, que resumió un largo proceso de investigación: la Recuperación de la Memoria Histórica (REMHI) sobre el drama de la guerra civil, desde la voz de las víctimas y que se centra en la recopilación testimonial que abarcó

> entre los comienzos del decenio de los sesenta y mediados de los años noventa, el accionar represivo y contrainsurgente de las diversas fuerzas militares y paramilitares organizadas por el Estado guatemalteco cobró la vida de más de ciento cincuenta mil personas, siendo responsable también de más de cincuenta mil desaparecidos, entre un millón y un millón y medio de campesinos mayas desplazados, cuatrocientos mil exiliados, decenas de miles de niños huérfanos, más de cuatrocientas fosas comunes clandestinas y más de seiscientas comunidades indígenas masacradas colectivamente (Menéndez).

Ronald Morán en el 2006 presenta *Entre las flores*, que es "la traducción más cercana al concepto de jardín en lengua achí, procedente de la región de Rabinal, Baja Verapaz, Guatemala. Una de las 24 lenguas Mayas aún existentes en ese país"[43]. Esta obra, según palabras del artista, es un homenaje póstumo a las víctimas de las masacres a indígenas, durante el conflicto armado desarrollado en distintas zonas de Guatemala.

Las flores de este jardín están elaboradas por testimonios extraídos de documentos como el de Recuperación de la Memoria Histórica y los propios testimonios conseguidos por el artista. La palabra se convierte en susurro de lo ausente, en la voz de quienes sobrevivieron aquel acto de violencia y desaparición: "Cuando uno se da cuenta del gran número de personas que han sido asesinadas, entonces uno comparte ese dolor y sabe que es una obligación moral, un deber también, no solo para ellos que no tienen voz, sino para toda una sociedad que está atemorizada" (REMHI).

La instalación se encuentra conformada en el suelo por piedras blanquecinas desde donde surgen las flores. Las cajas del fondo son testimonios personalizados y llevan como título el nombre de la persona de quien se ha tomado el testimonio directamente.

Ronald Morán recurre al blanco para sembrar en nuestro recuerdo una especie de jardín funerario, una animita llena de flores de papel que, según Virginia Pérez-Ratton, "contiene en sus corolas inscripciones con testimonios de la barbarie de la guerra en Guatemala durante los años ochenta. Pareciera

---

43 Para mayor información, véase la página web del artista [www.ronaldmoran.com].

que la flor resumiera la paradoja de la fuerza y la fragilidad, de la muerte y la renovación".

La fragilidad de los cuerpos queda expuesta en la obra mediante la delicadeza del papel; sin embargo, su voz, su presencia y su recuerdo dejan impresa su huella y su testimonio en la piel de miles de muertos, sembrados en la tierra, como maíz blanco, puro y vital.

CHILE

El 8 de febrero de 1991, la Comisión Nacional de Verdad y Reconciliación, cuyo objetivo fue contribuir al esclarecimiento de la verdad sobre las graves violaciones a los derechos humanos cometidas entre el 11 de septiembre de 1973 y el 11 de marzo de 1990, estableció que "en los primeros días posteriores al 11 de septiembre se registraron caídos en enfrentamientos y víctimas de la violencia política. A ellas siguieron ejecuciones de varios centenares de prisioneros políticos. Los cuerpos fueron con frecuencia abandonados u ocultados, produciéndose así las primeras desapariciones" (Informe de la Comisión Nacional de Verdad y Reconciliación).

El colectivo de arte Nichoecológico establece una metáfora en torno a la animita a través de la presencia del cuerpo desaparecido en la imagen traslúcida que congrega la escena y, por otro lado, en la acción colaborativa que convoca a los asistentes, quienes prestan parte de su cuerpo, para iluminar ese sitio de muerte.

Desde el 2007, cada 11 de septiembre en el frontis del Estadio Nacional, estas artistas se congregan para solicitar a quienes asisten al estadio a participar de la acción, que consiste en construir un molde del pie-zapato de los asistentes, mediante cinta de embalaje transparente. Luego se les entrega una vela para que la coloquen en su cavidad, llenando de luz aquellas figuras.

Esta instalación colaborativa se enmarca en las conmemoraciones que cada año los visitantes al estadio realizan, sus acciones de reparación simbólica recuerdan a las víctimas y posibilitan que este lugar, sellado por la violencia dictatorial, se abra como un símbolo de la memoria colectiva. Las huellas de cada persona operan como aquellas figuras que sustituyen los cuerpos de los ausentes y al mismo tiempo convierten a quienes facilitan su cuerpo en los sobrevivientes de un relato oscuro en la historia chilena.

Epílogo

El concepto de memoria se asocia a aquellos sedimentos de un pasado que, vinculado a ámbitos de lo político, en contextos latinoamericanos postdictatoriales, sustentó aquellas prácticas de resistencia frente a operaciones de borradura y silencio. La animita, por su parte, intenta custodiar el recuerdo de quien ha muerto de manera trágica fijando en el lugar de su deceso, marcas, huellas y representaciones para que el olvido no concurra a anular su presencia. La animita, desde su ámbito cultural, aporta significaciones simbólicas que ciertas prácticas artísticas, como la instalación, utilizan para situar la reflexión en torno a la restauración de una memoria colectiva, oponiéndose a la contingencia de la temporalidad y a las políticas del olvido.

REFERENCIAS

Buntinx, Gustavo. *Lo impuro y lo contaminado. Pulsiones (neobarrocas en las rutas de micromuseo)*. Lima: Micromuseo Productions, 2007. Material impreso.

Brito, Eugenia. *Campos minados. Literatura post-golpe en Chile*. Santiago de Chile: Ed. Cuarto Propio, 1994. Material impreso.

Feres, Raúl: "Las animitas". Conferencia Episcopal de Chile. Fecha de ingreso: 18 de abril de 2013. <http://documentos.iglesia.cl/conf/doc_pdf.php?mod=documentos_sini&id=736>. Sitio web.

Leonardini, Nanda. *El grabado en el Perú republicano. Diccionario histórico*. Lima: Fondo Editorial Universidad Nacional Mayor de San Marcos, 2003. Material impreso.

Menéndez, Luis. "Guatemala: la persistencia del terror estatal". *Herramienta. Debate y crítica marxista*. Fecha de ingreso: 18 de abril de 2013.

<http://www.fundacionpdh.org/lesahumanidad/informes/guatemala/informeREMHI-Tomo1.htm>. Sitio web.

Pérez Ratton, Virginia. "El silencio de la agresión". Fecha de ingreso: 18 de abril de 2013. <www.ronaldmoran.com>. Sitio web.

Olivares, Rosa (ed.). *100 artistas latinoamericanos*. Madrid: Exit Publicaciones, 2001. Material impreso.

Stoichita, Victor I. *Breve historia de la sombra*. Madrid: Ediciones Siruela, 1997. Material impreso.

"Informe de la Comisión Nacional de Verdad y Reconciliación". Fecha de ingreso: 18 de abril de 2013. <http://www.ddhh.gov.cl/ddhh_rettig.html>. Sitio web.

"Informe final de la Comisión de Verdad y Reconciliación". Fecha de ingreso: 18 de abril de 2013. <http://www.derechos.org/nizkor/peru/libros/cv/i/1.html>. Sitio web.

"Recuperación de la memoria histórica". Fecha de ingreso: 18 de abril de 2013.

<http://www.fundacionpdh.org/lesahumanidad/informes/guatemala/informeREMHI-Tomo1.htm>. Sitio web.

ME ACUERDO: IDENTIDAD-MATERIA EN LA TRAMA URBANA

María Paz Contreras Valdovinos

Identidad y materia como tiempo y espacio

De alguna manera todo esto tiene que ver con eso, con el tiempo y el espacio, con cómo me ubico, me sitúo, me detengo y observo, me detengo y el tiempo pasa. No es una simple actitud contemplativa, es el modo de construir un espacio, una idea o un concepto de arte. Es un sistema de relaciones, de todo tipo, que genera un archivo y este completa el registro, construye el proceso. No es el registro la obra en sí, sino los vínculos que se establecen, las decisiones que se toman, los resultados que se obtienen de dichas decisiones. Observo y formo parte, en alguna medida, del fenómeno. No puedo abstraerme de todo lo que pasa alrededor, antes o después del reconocimiento del terreno.

Las animitas no son fáciles de registrar porque no son solo imagen, son tiempo y espacio variable que responden, en cada caso, a quien observa. Varias son las formas de pensar la animita, una forma es como construcción de un objeto-contenedor (inserto en un tiempo y un espacio) de un *algo* que precisamente no tiene ni tiempo ni espacio. No hay nada más amplio o etéreo, eterno o atemporal que la idea de alma.

Las animitas, según la convención religiosa popular, son casitas para almas errantes de un destino trágico. Casitas para almas, construcciones reales, con materiales de construcción formal, con estructura, diseño, distribución espacial, a veces hasta con consideraciones de un espacio interior y exterior habitable por quienes las visitan. Son materia, en un espacio que se refiere a un hecho que permanece, porque la idea de alma en pena es una repetición de la tragedia, lo que incluye que esa alma deambule buscando su lugar, buscando peligrosamente entre los vivos. De esta manera la construcción de este dispositivo de contención es también una forma de protegerse de los muertos, de mantener a ambos mundos con la correspondiente distancia. Es la animita una especie de canal que permite un contacto amigable con el mundo de los muertos, un contacto controlado, que impide desbordes de un mundo sobre el otro.

Las almas en pena resultan ser, pues, fronterizas. Son un intermedio, debido a que sin ritual de extremaunción han partido y el temor de los vivos es que no encuentren su camino hacia la eternidad, y que queden vagando entre ambos mundos. Se mantiene, entonces, en ese espacio espiritual intermedio, con las posibilidades de interceder por causas mayores o cumplir favores que superan las capacidades de lo humano.

Así, bajo la idea de frontera, la animita es una materialidad lindante en otros modos. Es fronteriza en su ubicación, generalmente a un lado del camino, entre calle y vereda o vereda y reja de antejardín, a la orilla del mar o en ese espacio ambiguo que es la berma.

Otra categoría de frontera, aunque más borrosa, es su carácter de espacio público y privado delimitado por la construcción misma, la que expresa un interior y un exterior, donde, además, ambos espacios cuentan con distintas funcionalidades: el interior, como señalaba previamente, funciona como resguardo y el exterior funciona como marca en el territorio, esto es, como una seña del lugar de los hechos. Asimismo se transforma en una construcción para el recuerdo, una especie de altar donde, por lo demás, es posible contactarse espiritualmente por medio de la fe.

Esta idea de frontera en relación al espacio público y privado, puede ser relacionada con los conceptos de lugar y no lugar acuñados por el sociólogo francés Marc Augé, quien llama *no lugares* a los espacios exclusivos de la contemporaneidad que han desarrollado y buscan el anonimato entre quienes transitan por ellos, haciendo efectivas las funciones al nivel de la máquina. Son espacios sin temporalidad ni reconocimiento para quienes se mueven por ellos, que disipan las posibilidades de encuentro o convivencia. Todo esto es potenciado por las características de la vida moderna: el aumento de la población, estilo de vida frenético, velocidad y acrecentamiento de los medios de comunicación. Todo esto genera, en dichos espacios de intercambio, modificaciones en el trato interpersonal potenciando un lugar haciéndolo funcional en desmedro de las colectividades de antaño. De esta forma, a modo de ejemplo, las animitas en las carreteras instan a tenerlas pobladas por devotos, aunque en ese lugar esté prohibido el encuentro por razones de seguridad; en este contexto, la animita aparece como una fisura ante la norma, generando (en el caso de las carreteras) un alto en el camino. Esta, además de ser un altar y modificar el espacio, modifica también el tiempo, ya que la detención para la visita implica una variación temporal que podría considerarse como una actitud reflexiva, entrando en un tiempo sagrado al dejar de lado el tiempo profano del camino, la carretera, el viaje, el destino, etcétera.

Levantar una animita no requiere permisos en la mayoría de los lugares donde son erigidas. Empero, lo curioso es que la construcción misma no es la única apropiación. Muchas veces los terrenos aledaños igual sufren modificaciones con algunos elementos que ya no están pensados para la animita misma, sino para quienes visitan o simplemente para delimitar un espacio. Podemos encontrar rejas de madera o metal que se podría relacionar de manera directa con la idea de jardín y, en una escala mayor, vemos bancas o sillas para quienes llegan hasta el lugar. Es interesante que no se cierre el espacio a determinado tipo de gente, sino que a pesar de ser un altar en memoria de un ser querido, conserve sus características de tránsito. Esta singularidad hablaría de una frontera sumamente permeable entre las ideas de público y privado, ya que estos conceptos podríamos enmarcarlos en las categorías de espiritualidad y no tanto de materialidad, pese a que exista una construcción sólida, que es una marca en el territorio.

Al no ser los espacios todos iguales, podemos distinguir entre espacios metafóricos o proyectados capaces de albergar, al mismo tiempo, la idea de espacios públicos o privados en la construcción de la animita. Es así como Augé establece una relatividad de relaciones entre aquello que consideramos espacio privado y espacio público y lo que él denomina como lugares y no lugares. Desde este punto de vista cabe señalar, entonces, cómo aquel lugar físico considerado espacio público, totalmente reconocible, puede ser para unos un *no lugar* –aquellos que hacen efectivas las funciones como transitar por una calle– y para otros, un lugar –aquellos que se apropian, habitan o realizan actividades, como sería el caso de ir a dejar una ofrenda, legitimando ese espacio como un lugar de religiosidad y no de simple tránsito–, es decir, según las propias palabras de Augé, el *no lugar* responde al "espacio creado por la mirada que lo toma por objeto".

La calle, un roquerío, la berma. En todos estos lugares hay miradas que cargan el espacio de religiosidad o espiritualidad, respondiendo a la necesidad de no olvidar y de hacer visible a los demás lo que ahí ha ocurrido. Porque la animita es una casita con un nombre, con una o varias placas, velas, flores u otra ofrenda, pero no hay nada que señale la historia de por qué está puesta ahí. Son marcas de eventos de los que ya no hay certeza, solo una amplia devoción popular por un alma que después de muerta habita estas casas chiquititas haciendo favores.

La tumba y el cuerpo están en una relación entre un espacio bajo tierra y uno superficial, y haciendo una analogía, podría reconocerse una separación del mundo entre vida y muerte o mundo de vivos y mundo de muertos. Mientras que la animita es un memorial sobre la tierra, no estando bajo ella más que su razón de ser, la historia, el hecho trágico.

En el cementerio las causas de muerte no importan, todos los cuerpos son agrupados por una razón sanitaria. Del mismo modo cada quien ordena y decora la tumba de sus seres queridos a su manera; cada cuerpo es una historia distinta y las diferencias se dan principalmente por razones económicas, como, por ejemplo, la compra de terrenos para los mausoleos o el arriendo de los nichos. De otra forma, en la animita, extrañamente, el hecho trágico es el que genera la construcción de la misma, y con ello se produce su devoción. Sin embargo, como el relato del acontecimiento es oralidad, la historia se vuelve borrosa y con ello se generan variaciones, se dramatizan los hechos, se aumentan los detalles y lo que previamente moviliza la construcción de la animita se va perdiendo y se va construyendo sobre ella una narración que va más allá de los hechos y del duelo exclusivamente familiar. Así, la gente no necesita haber conocido al difunto para visitar su animita, simplemente existe por ella el respeto popular, fe y un reconocimiento de su condición de altar.

La animita no es, entonces, una seña del cuerpo, sino la construcción de otro cuerpo que será habitable por esta alma que ha perdido el suyo, ya sea porque el cuerpo real ha desaparecido –el caso de las animitas en el lugar donde fue visto por última vez o los cuerpos de los pescadores desaparecidos y que no son devueltos por el mar– o como recordatorio de esa separación traumática de cuerpo y alma donde, posteriormente, el cuerpo es trasladado a un lugar relativamente permanente: el cementerio.

Este momento de la muerte considera categorías de tiempo y espacio. El tiempo pierde su condición de *continuum* porque es un corte en el desarrollo de una vida. De manera inasible e inmaterial hay una marca que es necesario destacar, para que en la posteridad se conmemore un aniversario de la muerte con una misa, una visita al cementerio, un arreglo floral o velas en la animita. Por otra parte, el sitio es señalado, es decir, la tradición relata que el sitio marcado con sangre debe ser diferenciado a raíz de lo cual surge la animita. A partir de esta reflexión, el discurso estético adquiere manifestación; algo de Walter

Benjamin y la fotografía, algo de aura, algo de religiosidad o de valoración por el instante, por ese aquí y ahora, algo de caducidad de cuerpo, algo de eterno y perenne o la simple pregunta por ello.

El tiempo de los objetos

La característica que particulariza la animita es la propia necesidad de individualizarse o diferenciarse del paisaje. El modo en que se ejecuta la apropiación del espacio es lo que destaca. No es cualquier lugar, es la calle llena de información que distrae, llena de ruidos y movimientos, la que propicia que este otro espacio se diferencie. Los santos, las flores y las velas abundan, pero a veces eso termina siendo demasiado rígido y, aparecen las maneras de recordar a un ser querido con sus objetos, con sus pasiones ilustradas, con sus juguetes, sus ropas, la fotografía del ídolo deportivo que alguien quisiera que alentara, los objetos que no alcanzó a disfrutar, las cartas, los mensajes, las oraciones y los pedidos.

Las frases del que está vivo buscan comunicarse con aquel que ha muerto. El sitio del vivo es la superficie y ahí se desarrolla un espacio de memoria, de recuerdo. Un lugar donde se juegan las formas de inmortalizar un ser querido, ya sea como lo recordamos, como lo conocimos o como quisiéramos haberlo conocido.

Los objetos son un escenario amplio y los tipos de objetos son variados, pero quizá una de las cosas que más atraen de su presencia, es la sacralización de los mismos. Están gastados y dañados, pero no son desecho, no se botan. En efecto, son protegidos del sol y la lluvia con toldos y techos o se presentan al interior de la animita misma.

Los objetos de decoración son objetos de recuerdo. Fueron sus pertenencias o pudieron serlo, y eso es lo que los hace importantes: la interacción de la esencia del cuerpo ausente con dicho objeto. De otro modo, cualquier cosa hecha y pensada para los vivos es posible de manipular, de dañar o pasar a llevar. Sin embargo, la animita es un canal entre vivos y muertos, respetado, por lo que dañarla no solo es una falta en ese sentido, sino que, además, es un riesgo para quien la viola por el poder que detentan, según la religiosidad popular, las ánimas en pena.

Debido a todo lo anteriormente señalado y, por las fuertes relaciones creadas entre espiritualidad y ritual, es que resulta absurdo pensar en lo que algunas autopistas intentan generar con las animitas: la homogeneización de las mismas como una manera de normar y limitar una acción que no responde ni puede responder a un llamado de pérdida de identidad, en busca de un país más moderno y próspero. La animita es imposible de reemplazar por un módulo. La ciudad latinoamericana muchas veces busca formalizar lo informal, travistiéndolo e hibridando elementos que terminan siendo una curiosidad en el anecdotario.

Ciudad: *Me acuerdo, esas casas chiquititas*

> *En resumidas cuentas, los espacios se han multiplicado, fragmentado y diversificado. Los hay de todos los tamaños y especies, para todos los usos y para todas las funciones. Vivir es pasar de un espacio a otro haciendo lo posible para no golpearse.*
>
> (Georges Perec, *Especies de espacios*)

Me acuerdo, esas casas chiquititas es una instalación en proceso que comprende las reflexiones señaladas en la primera parte de este texto, más otras investigaciones en terreno, como fotografías, entrevistas y catálogo de materiales presentes en las animitas.

En esta instalación retomo algunos elementos trabajados en la investigación encargada para la muestra *Post-it City*, titulada *Angelitos; celebraciones, memoria y mercado inmobiliario*[44]. En el marco de esta exposición debíamos investigar las tumbas de niños y niñas de algunos cementerios de la Región Metropolitana y, cómo estas podían ser consideradas como apropiaciones temporales, que reflejaban la particularidad de las subjetividades puestas en juego con la delicada situación de un niño muerto. En el análisis aparecían los elementos de habitabilidad temporal por parte de los familiares, quienes se apropiaban de los espacios públicos al interior del cementerio para poder realizar, por ejemplo, celebraciones de tipo privado como cumpleaños y aniversarios, como celebraciones de carácter masivo: Día de los Muertos o Día del Niño.

Era en este tipo de manifestaciones (privadas o públicas) cuando las intervenciones temporales se hacían más evidentes, porque las relaciones que se desarrollan entre familias, a partir de compartir una experiencia, potenciaban una idea de comunidad, ya que se compartía con esas otras familias un

---

[44] Grupo M/686s, conformado por María Paz Contreras, Virginia Errázuriz, Christian Galaz, Isidora Gálvez, Valentina Meneses, Andrés Peña.

mismo dolor, una especie de cooperación y apoyo mutuo. Estas situaciones eran visibles, por ejemplo, en la coordinación existente para decorar un pasaje de nichos en determinada fecha o para instalar un toldo entre dos tumbas para que los visitantes pudieran protegerse del sol o de la lluvia.

Elementos como esos y sus respectivas relaciones de lo público y lo privado en la ciudad, además, de las relaciones de comunidad, han derivado en investigaciones ligadas a estos ejes. La animita es casi un paso obligado y necesario en temas de religiosidad popular y ciudad.

Las múltiples posibilidades de pensar la animita como frontera hacía necesario traducirla al montaje en sí. De esta forma, aparece el dibujo como un elemento a desarrollar, dado que existen relaciones entre la línea como límite o contorno, con la ambigüedad de ser materia y al mismo tiempo ser un tanto inasible. El dibujo o la línea, para existir necesitan, indudablemente, de la superficie que las contenga, de la misma manera que la animita necesita ser sostenida por la creencia popular y la materia de la ciudad, el camino, el roquerío. El dibujo es frontera, es borde, es contorno, como la animita se vincula a esa falta de límite corporal, a eso que podría considerarse lo borroso del cuerpo intangible, a ese amorfo lleno-vacío de la animita.

El dibujo técnico alude a una pre-construcción funcional, es por ello que lo elijo como la visualidad sustancial de la instalación. El dibujo técnico es lo que construye esa relación de borde, porque la línea en sí carece de lo lleno, pero también de vacío, generándose una ficción de ambos elementos. Sin embargo, por medio de la insinuación que genera el dibujo proyectado en el espacio, se crea una idea de vacío ocupado. El sujeto reconoce el espacio externo porque no es su espacio-cuerpo. Asimismo hay allí un límite que se expande con las construcciones contenedoras para la materia del sujeto, espacios diferenciados para cumplir funciones específicas y autonomizarse de esa territorialidad homogénea y salvaje, que es la naturaleza. De esta manera, como seres culturales, generamos necesidades de diferenciación y delimitación de los espacios en relación a las funcionalidades requeridas. Algunas construcciones exclusivas del cuerpo son, por ejemplo, la cama, la tina, la puerta, el ataúd. Son elementos que contienen al cuerpo en su verticalidad y horizontalidad proporcionándole un nuevo límite regular e inorgánico. Sin embargo, la casa, pese a ser un límite de esas características es un espacio ampliado, subdividido y capaz de contener a varios cuerpos y sus objetos. Todo ello conforma al interior de la casa una masa que mezcla vacíos, plenitudes y tránsitos, difícilmente

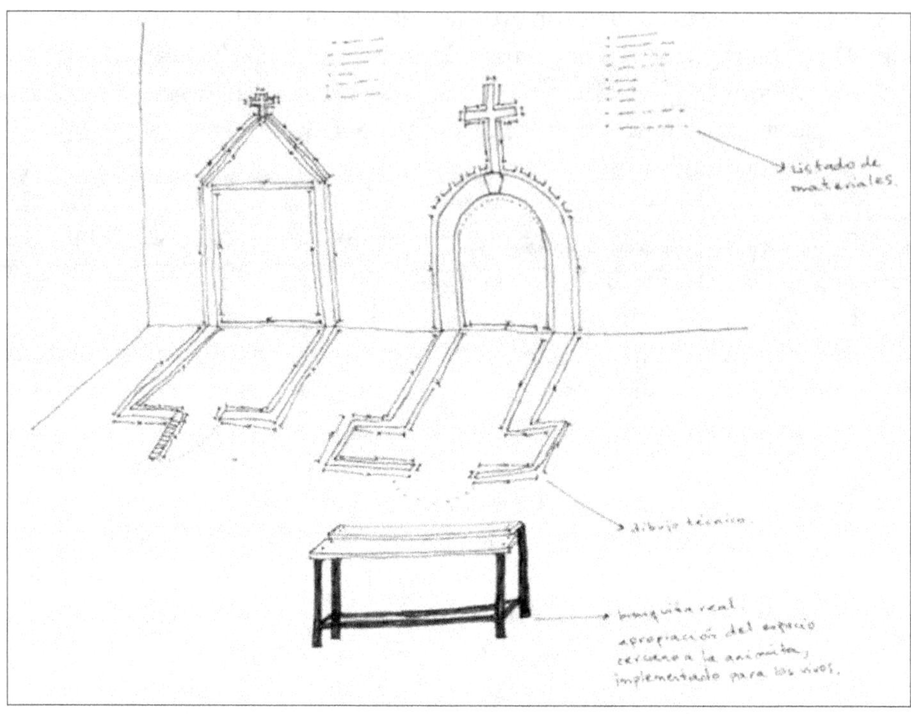

1. Vista frontal, instalación.

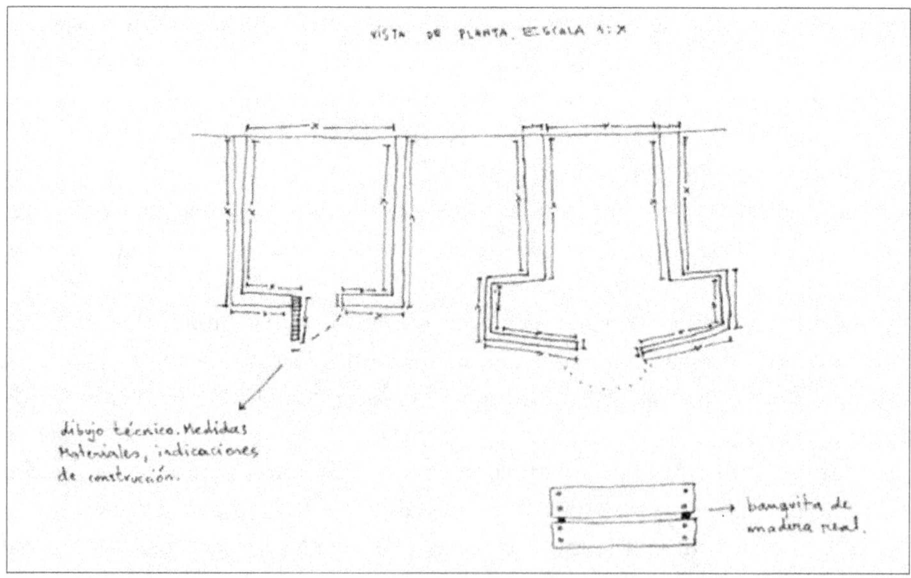

2. Vista en planta, instalación.

delimitables, quizá por eso es que el cuerpo que se le construye al ánima es una casa y no un espacio que privilegie las dimensiones del cuerpo.

Cada casa es distinta en su interior porque quienes la habitan la modifican. Cada pieza de hotel con un nuevo pasajero es distinta, por más que haya una intención de uniformidad, cada uno acarrea su propia maleta de gestos, de cuerpo, de objetos, de costumbres.

El dibujo técnico asume, entonces, un lugar privilegiado entre las demandas de la instalación, dado que es un dibujo pensado y utilizado, para insinuar construcciones funcionales. Aparece, con esto, la pregunta por la funcionalidad de la animita para el ánima, la pregunta por la forma que adopta este dispositivo protector o límite que contiene el alma, es decir, ese algo que no tiene forma, que es solo flujo inmaterial, pero que no debe desaparecer, a pesar de lo ya difuso de su condición etérea.

Teniendo como elemento constructivo el tránsito del espacio al dibujo técnico, aparecen con mayor claridad los elementos que son pertinentes para formar parte de la muestra. Así, el lugar de la selección, aunque pueda parecer arbitraria, existe a partir de los distintos tipos de diseños de animitas y las diferencias de materiales utilizados para su construcción, por medio de una operación bastante simple, pero simbólica.

En una sala cubo blanco, dibujadas a pulso en la pared, van los cortes frontales, señalando su contorno y sus densidades interiores. A la derecha, arriba de cada una, se extiende un listado de materiales de construcción que son parte de la animita señalada. Bajo ese listado está la frase "me acuerdo", más la dirección o indicación espacial del lugar donde se ubica realmente la animita. *Me acuerdo* es un libro de Georges Perec en el que a lo largo de 120 páginas relata eventos con ese mismo inicio de frase; *Me acuerdo* es parte de la ciudad y por eso lo he elegido. La frase "me acuerdo" es experiencia y recorrido / tiempo y espacio / memoria y cuerpo.

Cárcel: negación de un espacio de memoria

Si bien en un principio el interés estaba puesto en las animitas tradicionales, porque el tema a desarrollar eran las construcciones en sí, sus materiales y decisiones estéticas, otro trabajo paralelo permitía ampliarse a un caso particular de memorial transitorio y, constantemente suprimido: me refiero al incendio ocurrido el 8 de diciembre de 2010 en la cárcel de San Miguel donde fallecieron 81 reos. Más allá del hecho noticioso y los datos que son

3. Fotograma de video.

4. Fotograma de video.

de conocimiento público, me llamó enormemente la atención las reiteradas acciones de los familiares por construir un memorial o una animita popular que cada día desaparecía y que cada día se levantaba de manera diferente. Un día eran claveles en la reja de la cárcel por la calle Ureta Cox y un listado de nombres, mientras que al día siguiente ya no había nada y ante eso otros familiares (e incluso anónimos) rayaban la pared frente a la cárcel con frases de recuerdo, nombres, apelaciones a la justicia o recriminaciones a los gendarmes del establecimiento. Día tras día se instalaba y desaparecía, generando una especie de negación del hecho, de la memoria por parte de la institución. Debido a lo anterior, en los familiares, la animita afloraba como necesidad de marcar el lugar y de diferenciarlo, después de la tragedia.

La reflexión se dirige, entonces, a que existen varios elementos en nuestra sociedad que permiten el borroneo de la imagen, para que tal evento funcione en desmedro de otros eventos noticiosos. Uno de esos elementos podría ser la sensación generalizada de que un hombre preso es un hombre muerto. Desde esta afirmación, se develan varias aplicaciones en la opinión pública. Las razones por las que alguien está preso es porque "algo habrá hecho", así en el incendio hay una especie de castigo aceptado (en alguna medida) hacia quienes han producido un daño a la sociedad. Obviamente, todas estas reflexiones no buscan generalizar la opinión pública, pero sí considerar las más radicales, las que generalmente están cargadas de información editada y recibida a través de los medios de comunicación convencionales, por una postura gubernamental que, bajo el discurso de la seguridad, limita la mirada ante los juicios de valor. Quienes son privados de libertad han cometido un delito y deben estar con todos aquellos que cometen delitos. Es una manera de creer que eso se resuelve con hacerlos desaparecer del cotidiano, agrupándolos bajo un orden y un sistema que los mantenga separados de aquellos que no han hecho nada.

La institución, al verse debilitada en sus funciones, por la crítica y lo aberrante del hecho, no puede permitir que el evento permanezca, entonces impide que las flores, las velas, los objetos y los rayados sean visualizados por esos otros que transitan la calle. De este modo, día a día elimina toda marca que permita el recuerdo, suprimiendo la manifestación.

El trabajo de video titulado *Registro de una animita borrosa* realizado bajo estas relaciones, es un trabajo muy económico en cuanto a operaciones, pero tiene un peso en la imagen y su articulación con el sonido que dejando a un lado la simpleza de los elementos, potencia el contexto y la operación.

Video *Registro de una animita borrosa* 2´30´´
Imágenes: María Paz Contreras Valdovinos
Edición: Pablo Huerta Campos
Voz en off: María Paz Contreras Valdovinos

REFERENCIAS

Augé, Marc. *No lugares y espacio público*. Texto en línea Anteproyecto Cuatro Tap. Fecha de ingreso: 18 de abril de 2013.

<http://textosenlinea.blogspot.com/2008/05/marc-aug-no-lugares-y-espacio-pblico.html>. Sitio web.

___. *Los no-lugares. Espacios del anonimato. Una antropología de la sobremodernidad*. Barcelona: Gedisa, 1996. Medio impreso.

Castillo Guzmán, Ángela. "Ciertopelo". Memoria para optar al grado de licenciado en Bellas Artes. Universidad Arcis, 2009. Medio impreso.

Perec, Georges. *Me acuerdo*. Madrid: Editorial Berenice, 2006. Medio impreso.

III. La ritualidad en torno a la muerte en el culto de las animitas

DEL ANONIMATO MARGINAL AL RECONOCIMIENTO POPULAR: ANIMITAS Y DELINCUENTES

Luis Bahamondes González

En una sociedad cada vez más dinámica y plural, lo religioso parece mostrar una de las caras menos investigadas en Chile: las religiosidades marginales o asistémicas. Un ejemplo prototípico lo constituye el culto a las animitas. Si bien, en muchos de los casos, la vida de los sujetos "animitizados" o canonizados popularmente se encuentra lejos de convertirse en patrones de conducta a seguir, cierto grupo de la sociedad ha mostrado cercanía, fidelidad y devoción por estos, llegándolos a catalogar de santos. La siguiente propuesta revisa estudios de casos de personas fusiladas y luego, canonizados popularmente. ¿Qué factores motivan la transfiguración de la imagen de los individuos "animitizados"? ¿Cómo rescatar las historias y experiencias de aquellos que no son visibles o son cuestionados por la sociedad? ¿Qué valor posee para los estudios sociales la comprensión de fenómenos como el anteriormente descrito?

Representación social y religiosidad tradicional

En los márgenes de la formalidad eclesial, la religiosidad tradicional logra fundir ritos y ceremonias institucionales otorgándole un significado singular, haciéndola identificable e instaurando una ritualidad propia. Uno de los cultos tradicionales más arraigados en la sociedad chilena, presente en gran parte de Latinoamérica, es la devoción a santos no canónicos, denominados *animitas*: sujetos que tras una muerte violenta, en la mayoría de los casos, se convierten en "santos populares". En este contexto:

> El pueblo no hace diferencia entre los santos canonizados por la Iglesia Católica y los canonizados por él mismo. Todos son personas que

hacen milagros, que interceden por él, que están cerca de Dios, que son sus amigos, que reciben ofrendas y a quienes se las hace promesas que hay que cumplir (Chertudi y Newbery: 19-20).

La diversidad en torno a los individuos "animitizados" es diversa y logra abarcar situaciones y contextos amplios. En Chile, recorren la totalidad de nuestra geografía, podemos encontrar animitas de norte a sur. Pueden ser niños, jóvenes, adultos o ancianos, profesionales, analfabetos o delincuentes, personajes destacados de nuestra historia. Aquí la religiosidad, en tanto práctica ritual, se manifiesta como parte de un collage cultural –para muchos denominado sincretismo– que se erige como una experiencia cotidiana cargada de creatividad. La posibilidad de interceder en el mundo sacro, vedado para los individuos comunes y corrientes, es suplida por la animita, que funciona como un mediador cercano, válido, reconocido popularmente. De esta forma, de acuerdo a María Rosa Lojo, "el padecimiento experimentado por la figura santificada la capacita para comprender mejor el dolor de quienes le suplican, en especial miembros de las clases bajas, donde, a las desdichas que alcanzan a todos los humanos, se suman las que provienen de la exclusión social" (10). Poco importa la vida pasada de los sujetos "animitizados", pues gracias a la muerte violenta y el derramamiento de sangre han logrado pagar por sus pecados; no obstante, su vida mundana les otorga el grado de comprensión y cercanía necesaria, una vez que han conocido los sacrificios del diario vivir, donde "cada milagro que se produce, robustece la fe del devoto y esa fe robustecida facilita la multiplicación de los milagros" (Marzal:376).
En la sociedad actual, era de la incertidumbre, la búsqueda de certezas y el resguardo parecen ser una constante. El proceso de exclusión de grandes sectores de la población que no poseen acceso a vivienda, salud y educación fortalece la sensación de desamparo y activa la búsqueda de soluciones eficaces e inmediatas para sanar enfermedades, encontrar trabajo, mejorar el rendimiento en pruebas y exámenes, unir parejas, encontrar objetos perdidos, etcétera. Para el antropólogo Manuel Marzal: "El milagro en sentido popular es el que supera no las leyes de la naturaleza, sino las posibilidades reales del devoto" (375).

De delincuente a santo popular: estudio de casos

En Chile, la transfiguración de la imagen de los sujetos que, a partir de un hecho delictual, son canonizados popularmente es extensa: Cuadra y Osorio, el Chacal de Nahueltoro, Emile Dubois, Emilio Inostroza, Francisco Manríquez,

Cesáreo del Carmen Villa, José Ferrada, Federico Mardones, entre otros, individuos que, luego de ser juzgados y condenados, parecen revestirse de un hálito de santidad al ser fusilados.

Mientras unos clamaron inocencia, otros se inclinaron por reconocer el delito. En la cárcel, los textos bíblicos les otorgaron soporte espiritual, pues la redención sería posible reconociendo el pecado cometido ante Dios: "Si reconocemos nuestros pecados, fiel y justo es él para perdonarnos los pecados y purificarnos de toda injusticia" (1 Juan 1:9). Durante su estancia en la cárcel, los sentenciados tendrían un cambio de actitud, lo cual produjo una transfiguración de su imagen, en muchos casos exaltada, adosándoseles, incluso, cualidades de las cuales carecieron en vida (honestidad, valentía, generosidad, etcétera).

Hemos seleccionado, para efectos de ilustración del fenómeno en cuestión, dos casos de sujetos "animitizados" tras su fusilamiento, a saber, Emile Dubois y Emilio Inostroza.

Animita de Emile Dubois (Valparaíso)

A comienzos del siglo xx, Louis Amadeo Brihier Lacroix, ciudadano de origen francés conocido como Emile Dubois, se traslada a Chile donde comienza un largo historial delictual. Después de múltiples asesinatos, Dubois es capturado. Su casa es allanada por la policía, quienes encuentran una serie de documentos falsificados y las armas con las que habría perpetrado los delitos. Sometido a procesos judiciales y luego de hacerse cargo de su propia defensa, alegando inocencia, Dubois es condenado a pena de muerte. La prensa de la época lo catalogaría como uno de los primeros asesinos en serie de nuestro país.

El fusilamiento se llevó a cabo el 26 de marzo de 1907, dejando un manto de dudas en la sociedad de la época respecto a su culpabilidad. Tras el trágico final, frente al pelotón de fusilamiento, Dubois sería "animitizado", convirtiéndose su tumba, ubicada en el Cementerio N° 3 de Playa Ancha, Valparaíso, en un lugar de culto. Oreste Plath escribe:

> El pueblo lo hizo animita, entró en su comprensión, siempre estuvo
> con él, gravitaba el desprecio que hizo de su abogado, la toma de
> su defensa, su matrimonio a horas de morir, la valentía que luego
> demostró camino hacia el banquillo, su hombría frente al receptor,
> el dirigir la palabra a los asistentes para decir por última vez que era
> inocente, el solicitar que no le vendaran la vista, que le dispararan
> al corazón y con voz entera, dar la orden de la ejecución (Plath: 72).

Como muestra de devoción, su tumba-animita se encuentra recubierta de exvotos que constatan la fidelidad al santo popular (ver figura 1)[45].

Segundo caso: "animita" de Emilio Inostroza (Temuco)

El 10 de junio de 1941, Emilio Inostroza, junto a su amigo Alfredo Palacios, se dispusieron a planear un asalto que les reportaría cuantiosas ganancias. Sus víctimas serían el matrimonio compuesto por Eusebio Segundo Salamanca y Fidelina Lagos Cariaga, ambos oriundos de Huichahue, en las cercanías de Temuco. Debido a la avanzada edad del matrimonio, no presentaron oposición, siendo asesinados y su casa desvalijada. Dos días más tarde, Inostroza y Palacios serían capturados por la policía, iniciando el proceso judicial que, después de dos años, condenaría a muerte a Emilio Inostroza y a cadena perpetua a Palacios. El 9 de septiembre de 1943, Inostroza fue fusilado. Sin embargo, el

---

[45] Fotografía tomada durante un trabajo de campo en Cementerio N° 3 de Playa Ancha, Valparaíso, en febrero de 2011.

cambio sufrido por Inostroza durante su período de reclusión empezaría con el arrepentimiento de sus delitos, seguido por una actitud proclive al trabajo al interior de la cárcel, así como su cercanía a la religión. Dichos cambios provocarían el cuestionamiento social respecto a la pena de muerte de Inostroza, pues sería un sujeto que había dado muestras de rehabilitación, considerándose injusta la sentencia judicial que acabó con su vida. Este hecho motivaría que decenas de personas asistieran de manera diaria a la tumba de Inostroza para rogar por su descanso, siendo más tarde canonizado como animita milagrosa por las personas. En palabras de Plath:

> [Inostroza] fue enterrado en el Cementerio de Temuco y a los pocos días su sepultura comenzó a tener flores y tímidamente comenzaron a colocar velas. Pasados algunos años ésta va logrando transformaciones. En 1987 tenía un muro de respaldo de dos metros de altura por un metro de ancho cubierto de placas de agradecimientos, destacándose un crucifijo de bronce adherido entre las placas (Plath: 221-222).

En la Figura 2, exponemos una fotografía[46] donde se visualizan exvotos en la tumba-animita de Emilio Inostroza, como muestra de agradecimiento por los favores concedidos.

---

46   Fotografía tomada durante el trabajo de campo realizado en el Cementerio de Temuco, en noviembre de 2002.

En el relato oral postfusilamiento encontramos un corpus narrativo estable que permite el reconocimiento masivo de la historia de los sujetos a partir de tópicos determinados (ver Figura 3). Dicha estructura actuaría como columna vertebral de la historia: los vacíos son completados a partir de experiencias vividas, comentarios oídos, lecturas de prensa y un alto grado de imaginación y creatividad.

1. Vida infeliz

2. Acto delictual

3. Condena judicial y social

4. Fusilamiento

5. Cuestionamiento social a las instituciones

6. Transfiguración

7. *"Animitización"*

Figura 3. Módulos narrativos estables para animitas de fusilados

El proceso de resignificación y socialización del relato oral resulta clave para explicar la permanencia de la representación de las animitas de fusilados como santos no canónicos, milagrosos a través del tiempo. La constitución de módulos narrativos estables fortalecería el núcleo de la representación social, generando arraigo, pertenencia e identidad en ciertos sectores de la sociedad. En este contexto, y siguiendo los planteamientos de Jean-Claude Abric, las representaciones sociales cumplirían un papel fundamental tanto en las prácticas como en la dinámica de las relaciones sociales, debido a que responden a cuatro funciones esenciales: de saber, identitarias, de orientación y justificadoras.

1. Funciones de saber

Para efectos de nuestro estudio corresponde a la asimilación de la animita como agente mediador entre el mundo sacro y el mundo profano: un sujeto que a partir de una muerte violenta es reconocido como santo popular, siendo capaz de realizar milagros a raíz de un sistema ritual particular. Dicho conocimiento debe ser contextualizado, comprendido e integrado al saber cotidiano. De esta forma, los sujetos son capaces de generar explicaciones de la realidad, conllevando un nuevo saber que facilita la acción dialógica, logrando difundir el conocimiento creado.

2. Funciones identitarias

Esta función sitúa a los sujetos como productores de su propia identidad a partir de un proceso colectivo de elección de normas, conductas y valores que satisfacen las necesidades del grupo. La representación social de la animita, al responder a una práctica religiosa espontánea, alejada de la institucionalidad, se levanta como un constructo social producido por el colectivo, con arraigo y pertenencia a sectores que se logran identificar con un sistema cultural más cercano y fiel a sus costumbres.

3. Funciones de orientación

La generación de conocimientos, a partir de la representación elaborada, permite orientar los comportamientos y las prácticas que realizan los sujetos. La manda, por ejemplo, como sistema contractual implica una conducta orientadora, donde la petición de un favor por parte del devoto conlleva al pago mediante una ofrenda; los modos de agradecimiento por el favor concedido parecen ser prototípicos: flores, velas, exvotos, etcétera. De esta manera, se establecen normas sociales que son reconocidas y valoradas, que modelan el comportamiento.

4. Funciones justificadoras

De acuerdo a Abric, esta función permite justificar a posteriori las conductas de los sujetos. Esto se manifiesta en que perviva un culto, como el de las animitas, sustentado en la capacidad de difusión oral del agente milagroso, en la que el acto dialógico justificador trae implícita la diferenciación con otros agentes similares (santos canónicos), reforzando la elección y efectividad del culto en cuestión.

El proceso de transfiguración, en torno a las animitas de fusilados, que implica el transitar de un sujeto común hasta ser elevado como santo popular, se presenta como una respuesta simbólica ante un acto de violencia que implica derramamiento de sangre. De acuerdo con Eliane Tânia Freitas:

> La muerte violenta y de fuerte repercusión pública de los bandidos y de otros personajes excepcionales –la prostituta, el mendigo, el esclavo, el niño, el artista, todos de alguna forma percibidos como no triviales o como fuera de los estándares considerados ordinarios en su época y lugar– parece ser socialmente indigesta. Por eso, exigiría de la sociedad una reacción más fuerte en el sentido de elaborarla, de formular una respuesta simbólica y un tratamiento ritual para manejar la realidad que ella instaura (Freitas: 66-67).

El reconocimiento del relato oral como una fuente de investigación válida para las ciencias sociales no hace otra cosa que reconocer la riqueza que aporta el testimonio de sujetos que durante años permanecieron silenciados por el desinterés de ciertos sectores académicos. Durante mucho tiempo, se asoció la invisibilidad de sujetos comunes con una supuesta incapacidad de generar cambios sociales trascendentales, pues la historiografía, al amparo del positivismo, se volcó al estudio de las élites y de los acontecimientos constatables. Sin embargo, con el auge de los trabajos etnográficos, los enfoques socioantropológicos vinieron a reconocer el valor del testimonio oral y el contexto local en el que se desarrollan los hechos, en pos de una explicación más rica en contenido y forma. De esta manera, el estudio de aquellos individuos comunes que fueron canonizados popularmente se levanta como un signo de protesta pacífica y paralela ante la institucionalidad religiosa predominante. En palabras del sociólogo Cristian Parker:

> Tanto de los escritorios como desde los barrios urbano-marginales se comienza a hablar, desde hace ya más de una década, sobre la necesidad de revalorizar la cultura popular: su arte, su folclor, sus organizaciones sociales y políticas, su familia, su educación, sus deportes y pasatiempos, etc. También se comienza a estudiar la cosmovisión popular: su lenguaje, sus estilos de pensamiento, sus "gramáticas" culturales y simbólicas, sus categorías, incluidas por supuesto sus creencias y prácticas religiosas (Parker, 42).

Valorar la tradición oral como un componente esencial para la comprensión de la realidad sociocultural chilena significa no solo rescatar y describir nuestras tradiciones, sino también comprender la diversidad de significados asociados a prácticas que se encuentran en los márgenes de la oficialidad.

REFERENCIAS

Abric, Jean-Claude. *Prácticas sociales y representaciones*. México: Ediciones Coyoacán, 2001. Medio impreso.

Chertudi, Susana y Newbery, Sara. *La difunta Correa*. Buenos Aires: Editorial Huemul, 1978. Medio impreso.

Freitas, Eliane Tânia. "¿Cómo nace un santo en el Cementerio? Muerte, memoria e historia en el noreste de Brasil". *Revista Ciencias Sociales y Religión* 9 (2007): 59-90. Medio impreso.

Lojo, María Rosa. *Cuerpos resplandecientes*. *Santos populares argentinos*. Buenos Aires: Editorial Sudamericana, 2007. Medio impreso.

Marzal, Manuel. *Tierra encantada*. *Tratado de antropología religiosa de América Latina*. Madrid: Trotta, 2002. Medio impreso.

Parker, Cristian. *Otra lógica en América Latina*. *Religión popular y modernización capitalista*. Santiago: Fondo de Cultura Económica, 1996. Medio impreso.

Plath, Oreste. *L'Animita*. *Hagiografía folklórica*. Santiago de Chile: Editorial Grijalbo, 1995. Medio impreso.

ANIMITAS Y DESCANSOS EN LOS PAISAJES CULTURALES MAPUCHE Y CHILENO: ARTICULACIÓN DE LO SAGRADO Y LO COTIDIANO A ORILLAS DE LAGO NELTUME[47]

Juan Carlos Skewes, María Pía Poblete,
Pablo Rojas y María Amalia Mellado

Las animitas, en tanto expresión de la devoción popular chilena, contrastan con los "descansos" en el mundo mapuche-huilliche. A pesar de las aparentes similitudes, como la construcción de un pequeño altar erguido en memoria del difunto, la presencia de este simbolismo religioso marca una división en la forma de articular los espacios cotidianos y sagrados, por una parte, y lo privado y público, por la otra; a uno y otro lado de la frontera que separa a las comunidades indígenas con su paisaje cultural poblado de "descansos" y a las poblaciones chilenas con sus animitas. El análisis se hace a partir de la experiencia acumulada en la zona cordillerana de la Región de los Ríos, en el lago Neltume, territorio que ha servido de refugio a comunidades mapuche-huilliches que, al igual que las demás de Panguipulli, conservan el culto a sus difuntos a través de los "descansos". El contraste pone en evidencia uno de los vértices sobre los que se construye la diferencia entre chilenos y mapuches: mientras los "descansos" son parte de la completitud de la persona, las animitas expresan la pérdida y alienación del individuo. Esta divergencia invita a revisar desde la otra orilla la práctica devocional de los sectores populares y, al mismo tiempo, examinar la relación con la sociedad mayor.

El propósito de este artículo es, en primer lugar, destacar la existencia de una práctica ritual mortuoria (el "descanso") que ha sido poco documentada

[47]   Este artículo se inscribe en el marco del proyecto Fondecyt 1090465: *Paisajes del agua* y corresponde a la ponencia presentada al Simposio: "Lecturas de la animita (La muerte, la estética, la ritualidad y la identidad)", organizado por el Instituto de Estética de la Pontificia Universidad Católica de Chile. Santiago, marzo de 2011. Agradecimientos a la comunidad del lago Neltume que nos ha acogido.

en la literatura sobre la cultura mortuoria del pueblo mapuche. En segundo lugar, interesa comparar, en tanto parte del paisaje cultural, el "descanso" con la animita, culto característico de los sectores populares chilenos. Ambas prácticas intervienen –a través de su expresión material– en la relación que se da entre el mundo cotidiano y el mundo sagrado, entre lo público, lo comunitario y lo familiar en la cultura mapuche y en la cultura chilena.

Tanto los descansos como las animitas se muestran bajo la forma de un pequeño altar cuya presencia recuerda la existencia del difunto. Permiten establecer un puente entre el mundo de los vivos y el de los muertos, y ambos son utilizados como medios tanto de recuerdo como de propiciación. No existe entre estos altares otras conexiones que pudieran documentarse: no se postula una relación genética entre los dos ni de aculturación y el valor de la comparación, que aquí se hace, no radica en una perspectiva histórico-cultural. Las dimensiones rituales como estéticas, tópicas y ecológicas de estos santuarios son diversas, aunque son susceptibles de ser integradas bajo un enfoque paisajístico. Mediante el enfoque comparativo, se procura poner de relieve diferencias sustantivas que se plantean en las prácticas devocionales que se manifiestan a uno y otro lado de la frontera cultural entre grupos que en otros aspectos (el económico, por ejemplo) pudieran parecerse. Tales diferencias se materializan en formas divergentes de constituir el paisaje y de vincularse con la sociedad global.

La evocación material de la muerte va mucho más allá del recuerdo personal que de los difuntos se tenga. El paisaje mortuorio representa, desde esta perspectiva, el espacio político y la forma como los actores se relacionan entre sí (Goldstein: 201-205). La estructura material que adopta el recuerdo de la muerte, más que considerarse como una clausura, debe interpretarse a la luz de los significados que los diversos actores otorgan a esa materialidad y, a la vez, como el resultado de las negociaciones que se dan entre ellos. Los sitios mortuorios y las evocaciones materiales que se hacen de los difuntos son tanto parte del paisaje como aspectos de la sociedad y de la cultura. En tanto tales, tienen una historia y se vuelven visibles de modo cambiante a las distintas generaciones y poblaciones que habitan un determinado territorio (ibid.). Se puede afirmar, desde esta perspectiva, la existencia de paisajes visibles e invisibles: una porción importante del territorio depende de las claves culturales que los actores manejan para su comprensión, claves que obedecen a una "semiología ideológica" (Keane: 3). Estas claves son las que permiten constituir, en un mismo territorio, paisajes diferenciales que abrigan identidades

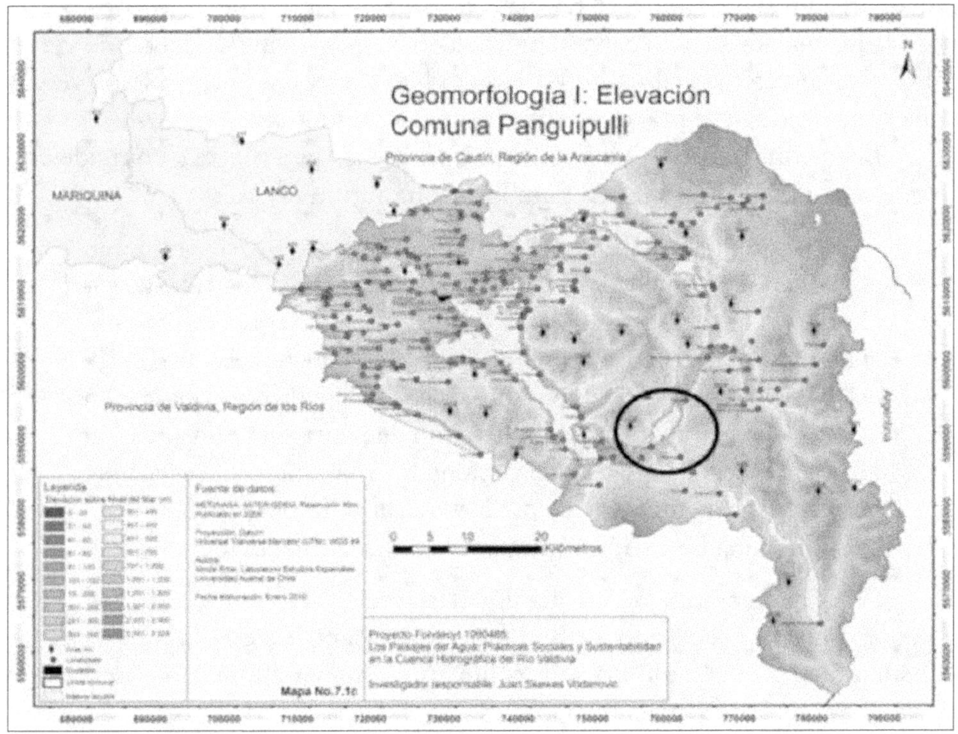

Mapa 1. Ubicación del lago Neltume en la comuna de Panguipulli

diversas entre las poblaciones que allí puedan coexistir, más aún si se considera la historia que subyace en el tipo de relación que las poblaciones establecen con sus paisajes espirituales (Bovensiepen: 325).

Junto a las fuentes documentales, este artículo se basa en la experiencia de campo entre los años 2009 y el 2015 en el lago Neltume, al interior de la comuna de Panguipulli, en la Región de los Ríos (ver mapa). El lago ha permanecido como un área de refugio para comunidades que históricamente se han visto atrincheradas en lomajes marginales a las grandes explotaciones madereras. En las laderas al poniente del lago se han constituido las comunidades de Juan Quintumán e Inalafquén, desprendida de aquella (136 familias en total) y Valeriano Callicul (75 familias), y en relación a los descansos, se ha entrevistado a 38 personas, quienes tienen por lo menos un descanso –en tanto expresión material– en su predio y que han observado y participado en la realización de más de tres descansos –en tanto ritual. Es importante destacar que el área en su conjunto se ha visto tensionada en los últimos años por la posible instalación de una central hidroeléctrica cuyas aguas se pretende verter sobre el sitio ceremonial usado en el lago Neltume para la realización de los *nguillatunes*, principal práctica religiosa de las comunidades locales.

El patrón paisajístico de Neltume, desde otra perspectiva, coincide con lo que se conoce en Calafquén para la cultura pitrén.

> [Allí] las unidades familiares, con su *ruka* como centro, se establecen en lugares altos, la mayor parte de las veces con visibilidad al lago y/o al volcán, como eje existencial. Así, el habitar de lo cotidiano de estas comunidades mapuches se organiza de acuerdo a una relación básica de lejanía/cercanía de los diferentes *topos*, espaciados por la extensión de *wingküll/mawida* como paisaje. Complementa esta constatación mítica la cercanía espacial del cementerio y la cancha de *nguillatun*, que invariablemente en las comunidades mapuches del lago Calafquén presentan una ubicación contigua (Alvarado y Mera: 562).

A continuación se desarrolla una descripción de los descansos para luego comparar esta práctica del ritual mortuorio mapuche con las animitas. Se constata que, aun cuando no son excluyentes, ambas expresiones de la vida ritual dan cuenta de formas particulares y específicas de vincularse tanto con el entorno como con la sociedad y lo sobrenatural. Estas formas son sintomáticas, de profundas diferencias entre la cosmovisión mapuche y la chilena popular. Su comparación permite poner en relieve tales diferencias.

Los descansos

Los descansos en el mundo mapuche-huilliche corresponden a pequeños altares erguidos en la memoria de los difuntos. La presencia de este simbolismo religioso denota, por una parte, una manera de articular los espacios cotidianos y sagrados, y por la otra, de separar lo comunitario de lo familiar. La existencia de esta práctica ritual mortuoria ha sido poco documentada en la literatura, aun cuando es una parte integral del paisaje habitado por las familias mapuche-huilliches de las zonas cordilleranas. Para Calafquén, Alvarado y Mera citan el siguiente testimonio:

> Cuando [...] una persona se muere, se hace un *descanso* cerca de la casa, porque la gente ya viene cansada de llevar el cajón; pero no muy al lado, justo antes de salir de donde ella vivía y se pone una cruz.

Es un recuerdo que le dejan, después le prenden una velita como si fuera un cumpleaños. Le dejan una corona y una vela por tres noches. Después si se murió el 15 de enero, el otro 15 de enero le hacen una vela de nuevo (565).

Foto 1. Un descanso en el lago Neltume (Lago Neltume, 2010)

La arquitectura de los descansos adopta la forma de una casa o alero, de menos de un metro de altura, ornamentado con una cruz y dispuesto a los pies de un árbol, de preferencia un pellín (*Nothofagus oblicua*). El descanso se ubica dentro del predio a un centenar de metros de la vivienda ocupada por la familia del difunto o difunta. El sitio señalado para el descanso es elegido por la familia o está estipulado con anterioridad por la misma persona. En el caso de la señora Delfina, en el lago Neltume, contó que eligieron el lugar del descanso de su padre porque le gustaba mucho ese lugar. Carolina, de la comunidad Valeriano Callicul, en tanto, dice que muchas veces la persona antes de morir deja establecido el lugar en el cual quiere que se le construya su descanso. Algo común a la mayoría de los descansos es que a la hora de elegir el sitio, este siempre se sitúa bajo la sombra de un árbol y en el límite de la propiedad y, en la mayoría de los casos, lo único que se constituye como descanso es el árbol.

El descanso se construye en relación al espíritu de la persona, el que puede volver al mundo de los vivos. En la cultura mapuche, el espíritu se distingue del alma y la persona está constituida por diversos componentes espirituales. La distinción planteada por Magnus Course entre *alwe* como "esencia viviente", *am* como "alma", y *püllü* como "espíritu'" es una de las clasificaciones acerca de la dimensión espiritual que se pone en juego a través de los rituales mortuorios (74). Para Course, estas tres partes terminan por integrarse en el funeral para luego separarse cada una con su propio destino. Inez Hilger, en cambio, señala que sus informantes distinguen entre alma y espíritu (166). El espíritu correspondería al *püllün*, según Schindler (ver infra), siendo el espíritu, como en el caso del lago Neltume, el que merodea en las casas gimiendo, haciendo sonar las cosas o provocando fuegos dentro de la *ruka*. Hilger narra la historia de dos niños que, al ir al cerro a buscar las vacas, escuchan quejidos. Asustados llegan hasta donde un hombre que les explica que es el difunto padre de ellos quien así se queja y, que lo hace sólo fuera de la ruca, pues, por este motivo, habían tenido que quemar la anterior. El padre había sido víctima de brujería (ibid.).

La muerte, según Course supone, como se ha dicho, la separación del cuerpo de aquellas tres partes, las que migran a lugares no especificados (al volcán, al mar, al cénit) (77). El funeral, no obstante, es el momento en que se completa la persona (antes de su partida) a través de la articulación de discursos acerca de ella. En el tránsito del difunto a otros mundos, debe asegurarse que el *püllün* (personalidad o don) se desplace hacia su lugar de destino, lo que se logra mediante el *amulpüllün*, esto es, del cierre fúnebre donde se estimula la partida del espíritu. *Amulpüllün* es también "obligar a salir al *püllün*" (Schindler: 165).

Las ideas fuerza del rito consisten en proteger a la familia y vivientes frente al retorno del *püllün*. Schindler cita algunas invocaciones a través de las que Humberto Trecaman despide a un difunto, a quien le solicita: "Que no se vuelva, que se quede allí tu personalidad [*püllün*] […]. No hagas nada adverso a tu familia […]. Ya te volviste un extranjero […], ya no volverás jamás a (nuestra) casa" (168). Las invocaciones también incluyen la petición de ayuda para la familia, pero en lo fundamental es una exhortación a partir a su nuevo mundo.

El traslado del difunto se hace a modo de crear en torno suyo un cerco que evita vuelva a su residencia. El *awun*, según describen Duhalde y Jelves, corresponde a la trilla o cabalgata circular contra el sentido del reloj de cuatro caballos provistos de campanas (11). Para el funeral de Alberto Huichulef, de Challupén, según narra Mayo Calvo:

Después de recorrer un trecho de unas dos cuadras se hizo un *descanso* y se dejó el ataúd en el suelo; tocaron la corneta para que el alma del difunto 'vaya divertida y alegre'. Los hombres de a caballo dieron cuatro vueltas alrededor del difunto. Cinco veces se repitió esta ceremonia en el camino al camposanto (101-102).

En el ritual fúnebre mapuche, según Titiev (1951), hay una convención: el cuerpo del difunto no puede tocar el suelo en su desplazamiento desde su casa hasta el cementerio o *eltun*. En caso de que ello ocurra, sigue el autor, una cruz debe ser erigida a fin de marcar el lugar (103-104). Esta breve referencia es una de las pocas que la literatura hace acerca de los descansos. Hay otras anotaciones que, sin dar cuenta explícitamente de ellos, aluden a una estación ritual entre la casa y el cementerio. La más relevante al respecto es la que se ofrece en una tesis de grado, registrada en las inmediaciones del lago Calafquén, al norte de Panguipulli, al quinto día se saca el difunto de la casa, el ataúd es puesto sobre varas, con el extremo correspondiente a los pies mirando hacia una fogata. El lenguaraz comienza su oratoria, fuma un cigarro, derrama *mudai* sobre el ataúd, al tanto que sostiene una gallina negra con su mano izquierda. Tras pedir a los espíritus que le abran las puertas al difunto, de un tirón corta la cabeza de la gallina, arrojándola al suelo. Si en su agonía la gallina se aleja del ataúd es buena señal. Luego es rociada con *mudai* y se le quema en la fogata. Las gallinas, aunque amarillas en el caso del lago Neltume, siguen siendo un componente importante del ritual (Arcos: 227-231).

Esta descripción coincide, en lo sustantivo, con lo que hemos encontrado en terreno. En este caso, la ceremonia se inicia con la realización de una fogata en el lugar del descanso, aproximadamente media hora antes de sacar al difunto o difunta. La intención es que, cuando se lleve a cabo el rito, el fuego no se apague ni esté humeando. Los familiares más cercanos toman el ataúd y lo sacan fuera, donde se forma una comitiva hacia el sitio del descanso en el siguiente orden: (i) la encabeza una persona, preferentemente hombre, que lleva la cruz; (ii) atrás van los familiares cercanos, hombres todos, con el ataúd; (iii) más atrás va la familia del difunto o difunta; (iv) por último, lo sigue la comunidad en general y comunidades vecinas y el resto de los participantes. La persona que encabeza la comitiva entierra la cruz en el lugar del descanso, junto al fuego, mientras que los familiares depositan el ataúd en el lugar del descanso.

Las autoridades (*ngenpin, lonko*, sargento, capitán del *nguillatún*) o, en caso de no haberlo, personas mayores –hombres en cualquiera de los casos– dirigen una ceremonia donde se habla al difunto en mapudungún: se le dice que no vuelva a asustar a sus parientes, que cuide a la familia y a la comunidad, que se vaya tranquilo. Después se sacrifica una gallina amarilla (*karekare*), decapitándola, y se le deja correr y dar vueltas. La dirección hacia donde lo haga es un indicador, al igual que el lugar hacia donde apunte su cuello al morir: en cualquiera de los dos casos, si es hacia la izquierda de la gallina, indica que el muerto se va a "llevar" a alguien de la familia, o es muy probable que lo haga. Una vez muerta, se lanza la gallina al fuego y luego de ser consumida por las llamas, los miembros de la comunidad –antes fueron los familiares cercanos– levantan la urna del suelo, le dan una vuelta en 180° a la derecha del difunto y comienzan la marcha que concluirá en el cementerio de Punahue.

Camino al cementerio, la comitiva es encabezada por una persona encargada de llevar la cruz que se colocará una vez finalizado el entierro. Con respecto a la urna, aunque hay variaciones acerca de la dirección que debe poseer, en la mayoría de los casos se afirma que el fallecido debe "irse caminando", es decir, con los pies hacia adelante y mirando al cementerio. Esto implica, por una parte, que el muerto no debe irse mirando la casa y la comunidad, lo cual se puede interpretar como una de las maneras de hacer que el finado no "vuelva a molestar". Por otra parte, de acuerdo a las características geográficas de la comunidad, este "irse caminando" implica que baja (trayecto de este a oeste) mirando hacia el lago (el *ngen* tutelar de la comunidad Juan Quintumán) y, después, dobla (trayecto de norte a sur) mirando hacia el cementerio, donde, por añadidura, se divisa el volcán Mocho-Choshuenco. En directa relación con esto, es importante señalar la dirección de las tumbas en el cementerio de la comunidad Juan Quintumán que miran hacia el lago (y a la vez al *guillatuwe* que se ubica en su ribera) y, además, tienen las cabeceras dispuestas hacia el volcán mencionado.

La realización del descanso corresponde a la fase en la que, terminado el *umatun* o velorio, se procede a retirar el cuerpo de la casa del difunto, lo que ocurre cuatro días después del fallecimiento. El cuerpo se preserva con el humo de madera húmeda por sus propiedades antisépticas. El descanso, más que un mero accidente ritual, a diferencia de cómo lo describe Titiev, es un rito insoslayable en la ejecución de la ceremonia fúnebre (106). A un centenar de metros de la casa, el cortejo se detiene y el ataúd se gira. En este ejercicio ritual se traspasa el comando del cuerpo del difunto de la familia a la comunidad, a la vez que se yergue la frontera que separa al espíritu (en Neltume no se emplea el concepto de *püllün*) de sus parientes, evitando con esto sus visitas no deseadas.

Esta acción corresponde a la descripción que Schindler hace de ceremonias donde se escoge una pampa en las inmediaciones de la casa para despedir al muerto de su residencia. La primera parte de estas ceremonias se designa *adentun*, lo que significa retrato, imagen o parecer bueno o justificado (168). Aunque es poco claro el sentido del verbo empleado para designar el traslado del ataúd de la casa en su tránsito hacia el cementerio, hay indudablemente, al menos en el sentido que Van Gennep da a los ritos, un elemento de separación. El descanso es, en este sentido, "un hito que señala el límite de abandono del espacio cotidiano en la partida hacia lo numinoso" (Alvarado y Mera: 560).

En nuestra área de estudio, el descanso es un ritual que se realiza luego del velorio, cuya materialidad se expresa de modo esencial en una cruz de madera. Esta es enterrada directamente sobre la tierra, por lo general al lado de un árbol y en un lugar específico, definido de antemano por el difunto o sus familiares, siempre dentro de los límites prediales de la vivienda de la persona fallecida. A diferencia de las prácticas definidas por Course y Schindler, los residentes solo mencionan el *alwe*, el alma, y también los *alwe*, refiriéndose a los muertos del cementerio. Como se ha señalado, no se emplea la palabra *püllü*. Aunque si se ha mencionado espíritu como sinónimo de *alwe*, aproximándose la lectura local a las descripciones de Hilger.

Foto 2. La metamorfosis de un descanso (Lago Neltume, 2010)

El descanso se construye en madera y de manera eventual se usa zinc. Normalmente se levanta junto a un árbol o se planta uno en el lugar, de preferencia un roble (*nothofagus obliqua*) y, según se dice, esta representación en cierto modo engaña al espíritu del difunto, evitándose sus incursiones dentro del espacio cotidiano. El descanso no puede ser sino la réplica, imitación o representación de la casa en que habitó el muerto. De hecho, su arquitectura no es diferente y evoca las casas construidas en los cementerios de San Juan de la Costa. El descanso, en tanto señuelo icónico de la casa, tiene la función de proteger a los vivientes de las incursiones del espíritu de los difuntos. Al mismo tiempo, el recuerdo del difunto se corporiza bajo la forma del árbol junto al que se ha plantado la cruz o levantado el pequeño altar. Con el tiempo estas construcciones desaparecen y queda el árbol como recuerdo y referencia comunitaria de aquel o aquellas a quien evoca. Lo que ha ocurrido, desde el punto de vista paisajístico, es la sustanciación de la persona en lugar. El *hué* o "lugar" adquiere un estatus ontológico que confiere sentido, permanencia y trascendencia a las comunidades que lo habitan.

Descansos y animitas

El culto a los difuntos constituye una importante divisoria entre los mundos culturales y, en este caso, también lo es. Chilenos y chilenas del mundo popular han empleado la animita como un medio de vincularse al mundo sobrenatural, procurando por esta vía protección y cuidados. El ánima es un mediador entre mundos y el altar que la recuerda es el punto de encuentro a través del que se zanjan las demandas de los devotos y las retribuciones del difunto. El paisaje queda marcado por los hitos que separan la vida de la muerte y entre los habitantes y su entorno. La animita es víctima de la acción de terceros y su recordatorio marca el lugar en que azarosamente concluyó su existencia (Salinas: 1-30). Para autores como Ricardo Salas, la animita constituye un medio de redención a través del que se rompe la homogeneidad topográfica (Salas: 183).

La animita es el hito en torno al que merodea el alma del difunto. El difunto se convierte en un santo popular a la vez que en víctima misteriosa (Salas: 185). Un caso, de especial relevancia en la historia chilena, es el de Francisco Cuadra y Luis Osorio, a quienes se imputó el asesinato de tres mujeres en el Viernes Santo de 1963. Hasta la fecha, junto al crematorio del Cementerio General, se encienden velas en su memoria, aunque no por sus víctimas (Garay, s.d.).

En horas, la opinión pública de la época trocó en oración el clamor de justicia que el crimen había suscitado. La mancha de sangre que proviene de una persona muerta de manera violenta no se borra hasta que se haya hecho justicia a los asesinos (Vicuña, cit. en Salas: 186). La duda, en este y otros casos similares, convierte en mártires a quienes, bajo otras circunstancias, pudieran haber sido olvidados. Son santos "no reconocidos por la Iglesia católica, pero que han sido canonizados espontáneamente por el pueblo" (Salinas: 9). El Gauchito Gil, originario de Corrientes en Argentina, es una de las figuras más prominentes de una devoción popular desde el siglo XIX, donde al igual que en Chile se convierte a los mártires en santos. La imagen venerada alcanza, en este caso, las dimensiones de un Cristo gaucho.

Foto 3. El Gaucho Gil, un Cristo Gaucho (Bariloche, 2008)

La relación que se establece entre la animita y sus devotos es de obligaciones recíprocas, y se cancelan bajo la forma del pago de una manda por los favores concedidos, expresada en diversos objetos ofrendados a la animita:

patentes de autos, botellas de agua y, sobre todo, placas con testimonios y nombres. La animita, como lo establece Salinas, puede ser tenida como un acto de denuncia por la muerte injusta y prematura.

La geografía de las animitas es particularmente reveladora: se yerguen en espacios públicos, allí donde suelen cruzarse los espacios globales (carreteras, líneas férreas) o nacionales (parques y cementerios) con la experiencia cotidiana de los sectores populares. Su presencia informa de las funestas consecuencias que supone la inmersión en los espacios de trabajo y servicio, donde se evanece la vida de los postergados. Las animitas pueden, en este sentido, concebirse como las fronteras sobrenaturales de la exclusión y, en la medida en que tal exclusión se vuelve intestina en los propios sectores populares, las animitas también se multiplicarán en los intersticios de los barrios pobres de la ciudad. De especial relevancia son, en este sentido, las animitas que recuerdan a jóvenes muertos en riñas en los sectores poblacionales (ver foto 4). Es interesante señalar, al menos en el caso que sirve de ilustración, que la animita recoge el estilo de época representado por los parques del recuerdo. La madre de la víctima, en este caso, quiso recordar a su hijo con una animita especial.

Foto 4. Animita de joven muerto en campamento de Santiago poniente (Pudahuel, 2000)

La animita testimonia rupturas, las que, al no zanjarse en lo cotidiano, procuran restablecerse en la relación íntima y personal con lo sagrado. Radica en esto un rasgo diferenciador fundamental con los descansos, los cuales constituyen de igual modo hitos erigidos en torno a la memoria de los difuntos. La construcción, aunque de mayor tamaño, evoca la de una animita, pero hay diferencias sustantivas. La similitud morfológica puede distraer la atención respecto de las profundas diferencias que hay entre estos altares. Las distinciones entre el motivo, el lugar y la cosmovisión en que se sustentan estas prácticas evidencian su naturaleza divergente. Mientras la animita conmemora la muerte inesperada, la interrupción del ciclo vital, la muerte no debida, el descanso conmemora un importante hito en el tránsito del difunto hacia el *wenumapu*, hacia el territorio trascendente de los ancestros y de los difuntos.

El descanso, a diferencia de la animita, es un hito familiar y comunitario, y se yergue en los puntos donde se yuxtaponen los ámbitos familiar doméstico con el comunitario. El *locus* es un medio de doble arraigo: de la comunidad con el territorio y de la familia con la comunidad. En este sentido, planteamos que el difunto deviene paisaje al trocar parte de su ser en árbol y constituir el árbol y el descanso asociado a él en una referencia para el mundo de los vivos como un lugar de encuentro para vivos y difuntos. Mientras los descansos vienen a significar el espacio de la continuidad entre vivos y muertos, así como familias y linajes que se entrecruzan, las animitas denotan la incertidumbre y amenaza que se cierne sobre el mundo popular, testimoniando la existencia de mártires que pueden en ocasiones redimir a los vivos. De aquí que la relación con lo sobrenatural se invierta en un caso y en otro: mientras a la animita se le pide con el deseo de obtener de ella los beneficios y la protección de la que se carece, el milagro, en definitiva, en el caso del descanso, es el difunto quien reclama que se le recuerde, principalmente a través de sueños. El Día de los Muertos y las fechas significativas en la historia familiar y comunitaria son los que movilizan a los parientes inmediatos a ofrendar flores en recuerdo de quien ha partido.

A través de sus ofrendas y promesas, los devotos populares reclaman el futuro que les es negado. Los mapuche-huilliches, en cambio, recuerdan con la certeza de que el futuro deviene de la fidelidad al pasado, a la tierra y al linaje. Así, se produce una diferencia sensible entre los descansos y los *püllün* que a ellos se asocian y los *ngen*, espíritus protectores. En tiempos de crisis, de invasión y de desequilibrio, los *ngen* suelen abandonar los lugares de los que son protectores, pero, al menos desde la perspectiva de nuestros interlocutores, ello no ocurría con los *alwe*, espíritu o espectro del difunto que permanece en los lugares habituales de residencia y, en este caso, en los descansos.

En este contexto no cabría sugerir que los descansos truequen en animitas. Más bien son los seres humanos quienes encaran la muerte en un universo de significación o en otro, e incluso en ambos. El caso de un dirigente vecinal de la comunidad de Juan Quintumán, en la foto 5, nos sirve de ejemplo: en esta se advierte a la izquierda el descanso erguido en su recuerdo a la salida de su casa, en una loma de la comunidad. En la foto 6, en cambio, se muestra la animita ubicada a un costado de la ruta T-29, lugar donde fue atropellado el

2008. Este caso es elocuente, puesto que el atropello que ocasionó su muerte fue leído en el contexto del conflicto que la comunidad mantiene con el proyecto de Endesa para la construcción de la Central Hidroeléctrica Neltume. Se acusó en su momento al conductor de la ambulancia de la División Salud de la Corporación Municipal de Panguipulli de haber actuado de manera intencional contra un opositor al referido proyecto.

Foto 5. Descanso

Foto 6. Animita

La disposición de las animitas en la comuna de Panguipulli conserva el patrón descrito para el resto del país, pero, como cabe suponer, no *hay* *animitas* en el espacio donde perviven los *descansos*. La naturaleza dual de la participación en el mundo mapuche y en el mundo chileno abre las puertas para la concurrencia de ambos hitos funerarios para una misma persona. Al igual que en el mundo chileno, la muerte violenta e inesperada, ocurrida en espacios públicos, reclama la realización de ritos en torno al ánima en pena, tanto para apaciguarla como para propiciarla, y no podría esperarse que en el mundo mapuche igual cosa no ocurriera. Desde el punto de vista paisajístico, no obstante, la geografía de las animitas en el territorio indígena marca las barreras que separan al mundo mapuche del chileno y son el testimonio, más directo y brutal, de lo riesgoso que puede ser para un mapuche atravesarlos. El mapa 2 es instructivo en este sentido: los descansos se agrupan en las proximidades de los cursos de agua de la comunidad, mientras que las animitas se alinean exactamente siguiendo los ejes de la penetración global. Aparte del mencionado atropello de un dirigente vecinal, las otras dos animitas también se encuentran junto a las principales rutas del área y evocan, en un caso, a un ahogado de 1992 en las aguas del complejo turístico Huilo Huilo y, a un trabajador víctima el 2010 de un desplome del cerro, donde se construía la carretera internacional ruta Hua Hum.

Conclusiones

Las carreteras y autopistas circundadas por animitas, al igual que los pasajes y calles de sectores poblacionales y otros espacios públicos, dan cuenta –para seguir con la metáfora de Salas Astrain– de una "arqueología de la desgracia" en el mundo popular y de la esperanza de un reordenamiento de las cosas merced de la intervención de las animitas milagreras. Tal es el paisaje sobrenatural del mundo urbano en sus vértices de exclusión. Los descansos, en cambio, marcan la transición del alma en un proceso donde vida y muerte se entrecruzan. El territorio de lo sobrenatural es, pues, la prolongación del mundo comunitario.

Las animitas dan cuenta de la interrupción inesperada de la vida y, en este sentido, expresa la expropiación de la vida por la acción violenta. El descanso, en cambio, intermedia en el proceso por el cual se culmina la construcción de la persona. En el ritual que da origen al descanso lo que opera es la entrega que la familia hace del cuerpo del difunto a la comunidad que le acompaña el resto de la ceremonia.

El ánima en pena es requerida para solucionar los problemas cotidianos, es puente entre los vivos y los poderes sobrenaturales. En el descanso, el alma del difunto reclama que se le recuerde, siendo, además, una barrera que impide el retorno de los difuntos, y se establece en el predio familiar y la relación con los vivos es próxima. La animita se construye, por el contrario, en un lugar público y la mayor parte de quienes la frecuentan no tiene relaciones con la persona que se evoca. La animita es, en un sentido, el alma expropiada: el espíritu al que evoca el descanso es, al contrario, transustanciado y hecho parte del paisaje al que la comunidad se debe.

El paisaje encarnado en los descansos difiere del de las animitas. Dicho de un modo directo, los descansos informan acerca de seres humanos trocados en paisaje: son el testimonio trascendente de una residencia en la tierra y en el mundo cuyo devenir no reconoce delimitaciones que los seres humanos vivientes pudiera imponerles. La animita, en cambio, es el testimonio del infortunio, es la frontera última que delimita la geografía política de la ciudad y de los espacios urbanos. La presencia de animitas en el territorio mapuche de Panguipulli da cuenta de un cerco sobrenatural que recuerda a comuneros cuya transgresión puede ocasionar la muerte. El mundo circundante se torna peligroso para comunidades que hacia su interior han establecido relaciones permanentes entre el mundo de los difuntos y el mundo de los vivos, así como entre el mundo de la comunidad y el de las unidades domésticas. Desde el punto de vista de la configuración paisajística, las animitas informan acerca de una derrota. Los descansos, en cambio, refuerzan el sentido de lo propio en el *rehue*, el lugar sagrado.

REFERENCIAS

Alvarado, M. y R. Mera. "Estética del paisaje y reconstrucción arqueológica. El Caso de la región del Calafquén (IX y X Región-Chile)". *Chungará*, Revista de antropología chilena. Volumen especial (2004): 559-568. Medio impreso.

Arcos Jara, Rubén Wilfredo, Héctor Gaete Mera, Moisés Segundo Inostroza Rodríguez, Ramón Darío Salinas Mora, Lino Velásquez Bascur. "Estudio de cuatro comunidades mapuches cercanas al lago Calafquén". Tesis de grado. Universidad Austral de Chile, 1980. Medio impreso.

Bovensiepen, Judith. "Spiritual Landscapes of Life and Death in the Central Highlands of East Timor". *Anthropological Forum* 19, 3 (2009): 323-338. Medio impreso.

Calvo, Cayo. *Secretos y tradiciones mapuche*. Santiago: Andrés Bello. 1990 [1968]. Medio impreso.

Course, Magnus. "Death, Biography, and the Mapuche Person". *Ethnos* 72, 1 (2007): 77-101. Medio impreso.

Duhalde, Corinne, e Ivonne Jelves. "Eluwün: Funeral mapuche". *Papeltún* 2. Villarrica: Museo Histórico y Arqueológico, 1981. Medio impreso.

Garay, Marcelo. "Viernes Santo de 1963: La muerte llamó 3 veces en Avenida España". *La Cuarta*, 23 de agosto de 2006. Fecha de ingreso: 6 de febrero de 2011. (http://www.lacuarta.cl/diario/2006/08/23/23.05.4a.CRO.CRIMEN.html). Sitio web.

Goldstein, Lynne. "Visible Death: Mortuary Site and Mortuary Landscape in Diachronic Perspective". *Archaeological Papers of the American Anthropological Association* 11, 1 (2002): 201-215. Medio impreso.

Hilger, Inez. *Araucanian child life and its cultural background*. Washington: Smithsonian, 1957. Medio impreso.

Keane, Webb. *Christian moderns: Freedom and fetish in the mission encounter*. Berkeley: University of California Press, 2007. Medio impreso.

Salas Astrain, Ricardo. "Violencia y muerte en el mundo popular. Reflexiones en torno al simbolismo de las *animitas*". *Estudios sobre las Culturas Contemporáneas* 4 (13/14) (1992): 181-192. Medio impreso.

Salinas, Maximiliano. "La fe del pueblo. Exposición sobre religiosidad popular. Archivo de Literatura Oral y Tradiciones Populares". Santiago: Dibam, 1995. Medio impreso.

Schindler, Helmut. "Amulpüllün: Un rito funerario de los mapuches chilenos". *Lengua y Literatura Mapuche* 7 (1996): 165-180. Medio impreso.

Titiev, Misha. *Araucanian culture in transition*. Ann Arbor: Michigan Press, 1951. Medio impreso.

LA RUTA MILAGROSA DE LA CIUDAD DE LOS MUERTOS: DEVOCIÓN POPULAR EN TUMBAS Y SANTUARIOS DEL CEMENTERIO GENERAL DE SANTIAGO

Tomás Domínguez Balmaceda

Animitas y tumbas milagrosas

Las animitas son marcas de hechos trágicos en el espacio que afloran espontáneamente, producto de la devoción popular. La tradición dice que una persona al ser víctima de un hecho de sangre no tiene su alma en paz y su ánima sigue estando presente en el lugar del hecho o en su sepultura. Esta condición sitúa a la persona en un umbral entre el mundo de los vivos y de los muertos, concediendo la capacidad de interceder ante la divinidad a favor de quienes busquen sus bendiciones y le rindan tributo.

En los cementerios del territorio nacional, principalmente en los cementerios públicos y generales, existe de modo transversal el fenómeno de las animitas milagrosas, tumbas, por lo general, para víctimas de muertes atroces a las que el público rinde culto hace décadas por tener buena fama de cumplir con favores. Creo que es más propicio hablar de tumbas milagrosas o tumbas votivas que de animitas, ya que estos lugares de culto contienen el cuerpo del santo popular.

Proyecto: "La ciudad de los muertos"

En 2007, realicé el plano georreferenciado del Cementerio General de Santiago, tumba a tumba y, posteriormente, el catastro patrimonial que abarcó un universo de 2.700 obras de valor histórico, 910 obras de valor arquitectónico, 230 esculturas y estatuas, y un parque de 180 años, casi todo concentrado en el casco histórico. Después durante el 2008 y 2009 trabajé en impulsar la declaratoria patrimonial del área de 28 hectáreas declaradas el 2010, decreto N° 72-1 del Mineduc.

Según el catastro, los dos santuarios populares más importantes y cinco santos con prestigio de milagrosos son hoy monumentos nacionales, lugares donde el público del cementerio ora por las almas de los difuntos, pide favores y el pueblo recurre en busca de esperanza, venerando estas tumbas a través de prácticas de la religiosidad popular.

Devociones populares y el culto a los muertos

Los cementerios son las ciudades de los muertos y representan, simbólicamente, el lugar intermedio entre la realidad natural y la sobrenatural, la vida y la muerte, el día y la noche, el pasado y el futuro, el principio y el final. El culto a los antepasados es una actividad espiritual que conecta ambos mundos y en la que los muertos sirven de intermediarios ante la divinidad, comparable con el papel de los santos y de los ángeles en la religión católica romana y el culto a los patronos al interior de las iglesias.

Al estudiar la historia de los cementerios, una de las primeras observaciones que realizamos es que las creencias en torno a la muerte y el culto a los muertos cambian a lo largo del tiempo. Las creencias innatas y muchas veces incuestionables, que se tienen, podrían afectar la interpretación de las distintas manifestaciones y lecturas que se puedan hacer de los cementerios, ya que son lugares de origen ritual que expresan el canon de cada época, como una manifestación poética de una creencia cultural, del sentido dado a la vida y a la muerte.

Por esto, la metodología empleada reconoce que cada visión sobre la muerte y sus prácticas rituales es verdadera. Las tumbas, al ser construcciones esencialmente simbólicas, son la encarnación de una creencia y su sola presencia hace que la cosmovisión que originó esa obra sea validada y que el mundo que representa sea una realidad tangible. Ese es el valor patrimonial de las sepulturas, lo que las hace capaces de traer al presente creencias, fragmentos de mundos y nombres de hombres de otros tiempos.

Desde esta mirada describiré lo que he observado en el Cementerio General de Santiago y cuáles son las manifestaciones rituales que hablan de la existencia de comunicaciones beneficiosas con el mundo de los muertos.

Dos santuarios populares: el Cristo Rico y el Cristo Pobre

Se singularizan porque pese a que sin ser tumbas son representaciones de túmulos y, porque la actividad espiritual en estos santuarios busca el contacto con la divinidad, sin necesidad de intermediarios. Cuando ambos cristos fueron erigidos alrededor de 1890, el Cristo Pobre se situó, como su nombre dice, en los patios de tierra; mientras el Cristo Rico estaba en la zona de los mausoleos. Se presume que los cristos datan de la década de 1830 y que originalmente estaban en las intersecciones de la calle Infante con Bello y Sazié, donde en la actualidad hay dos fuentes.

El Cristo Rico se ubica en la intersección de las calles O'Higgins y Arriarán, y es una pira funeraria con crucifixión al centro de una plazoleta o un túmulo de piedra con cruz de madera y cristo; morfología propia de los atrios o patrios de sepultación de los pobres durante la Colonia, donde se erigía al centro una pira de piedras provenientes de las excavaciones, con una cruz central indicativa de la sacralidad del recinto y el sepulcro colectivo de los pobres. Esta tradición se heredó durante el siglo XIX y el Cristo Rico es testimonio de ello, ya que se ubica en la intersección de la calle O'Higgins –eje sur-norte de ingreso– y ex avenida Central, hoy Arriarán, eje poniente-oriente perpendicular que remata al oriente. En este centro del diseño urbano del recinto aparece el Cristo Rico como figura clave en el cruce y la intersección de dos realidades opuestas, dándole al lugar el significado de esperanza en la resurrección y la vida eterna. Indica un punto de detención dentro del cementerio, donde se hacen oraciones de distinta naturaleza. También se ofrendan velas, flores y placas conmemorativas en gesto de agradecimiento.

El Cristo Pobre se encuentra en la intersección de las calles Calvario y Primera de Tilo, su forma corresponde a una pira funeraria con crucifixión en intersección de calles. Su fisonomía es casi idéntica a la del Cristo Rico. Sin embargo, no está ubicada en un punto neurálgico ni en una plazoleta y, aunque no es tan concurrida, tiene marcas potentes de devoción popular.

Tumbas milagrosas del Cementerio General

El primero que mencionaremos es el mausoleo del presidente José Manuel Balmaceda, San Balmaceda o Don Balma, ubicado en la intersección de las calles O'Higgins y Primera de Tilo. Responde a la tipología de mausoleo monumental, fue construido en 1915 por el arquitecto Tebaldo Brugnoli, después de un tiempo en que el cuerpo estuvo escondido en distintas tumbas. Según la tradición estuvo por cinco años en el mausoleo personal de Manuel Arriarán, el entonces director del Cementerio General.

Escondido en la Legión Argentina de los revolucionarios victoriosos que lo buscaban para lincharlo, Balmaceda se suicidará el 19 de septiembre de 1891, al día siguiente de haber terminado su período presidencial, tras haber perdido la guerra contra la oligarquía y la Armada. Fue odiado por sus enemigos y buscó inmolarse para evitar el revanchismo con sus colaboradores. Su sacrificio lo convirtió en una figura histórica de gran brillo y en el Cementerio General se mudó a santo popular. La historia le otorgó a Balmaceda la condición de mártir nacional y la tradición popular lo canonizó otorgándole la condición de milagroso.

Sus fieles recurren a él con peticiones por escrito y el mármol de la fachada es persistentemente llenado de grafiti. En el interior, se arrojan papeles y cartas con peticiones, como por ejemplo: "Balmaceda, ayúdame a tomar buenas decisiones; cuida a mi familia; ayúdame a pasar de curso y cuida a mi familia; te pido por todas las familias y la gente muertas; te pido para que siga la lucha intensa de los estudiantes; te pido por mis hermanos que ya no los tengo conmigo y que pase de curso; te pido por favor que me cuides durante mi vida y ayúdame en la prueba de historia. Gracias de antemano. Que Dios te tenga en sus brazos; pedimos para que nos vaya bien en estos años de carrera, bendiciones; Balmaceda, ya estoy sano".

En un artículo titulado "Mausoleo de José Manuel Balmaceda: la canonización escolar de un infortunado ex presidente" –publicado en el blog *Urbatorium*–, se sospecha que los mayores responsables de alentar la fama milagrosa del santo serían los alumnos del Liceo Polivalente Presidente José Manuel Balmaceda, del barrio Independencia. También da testimonio de la existencia de este culto a 30 años del suicidio de Balmaceda y cita un testimonio de Joaquín Edwards Bello escrito en 1921 en *Crónicas*:

> Personas de diversas categorías, generalmente humildes, le piden favores. Siempre está cubierta de peticiones o mandas. Un estudiante le suplica que le ayude a salir bien en los exámenes. Otro le solicita ayuda para que lo quiera una chiquilla llamada Estela. La obrera María S. le pide que libre a su marido del alcoholismo. La tumba de Balmaceda se parece a las "animitas" de extramuros.

Desde el 2009, hay un cartel que prohíbe hacer rayados, pero no abre un canal para que los fieles puedan encausar el fervor popular.

El segundo que destacamos es Abelardo Núñez, el profesor, emplazado en la esquina de la intersección de calles Sazié y Dávila. Es un mausoleo de piedra caliza de la década de 1890. Núñez fue el fundador de las escuelas normalistas, autor de los libros *Organización de las Escuelas Normales, Silabario* y

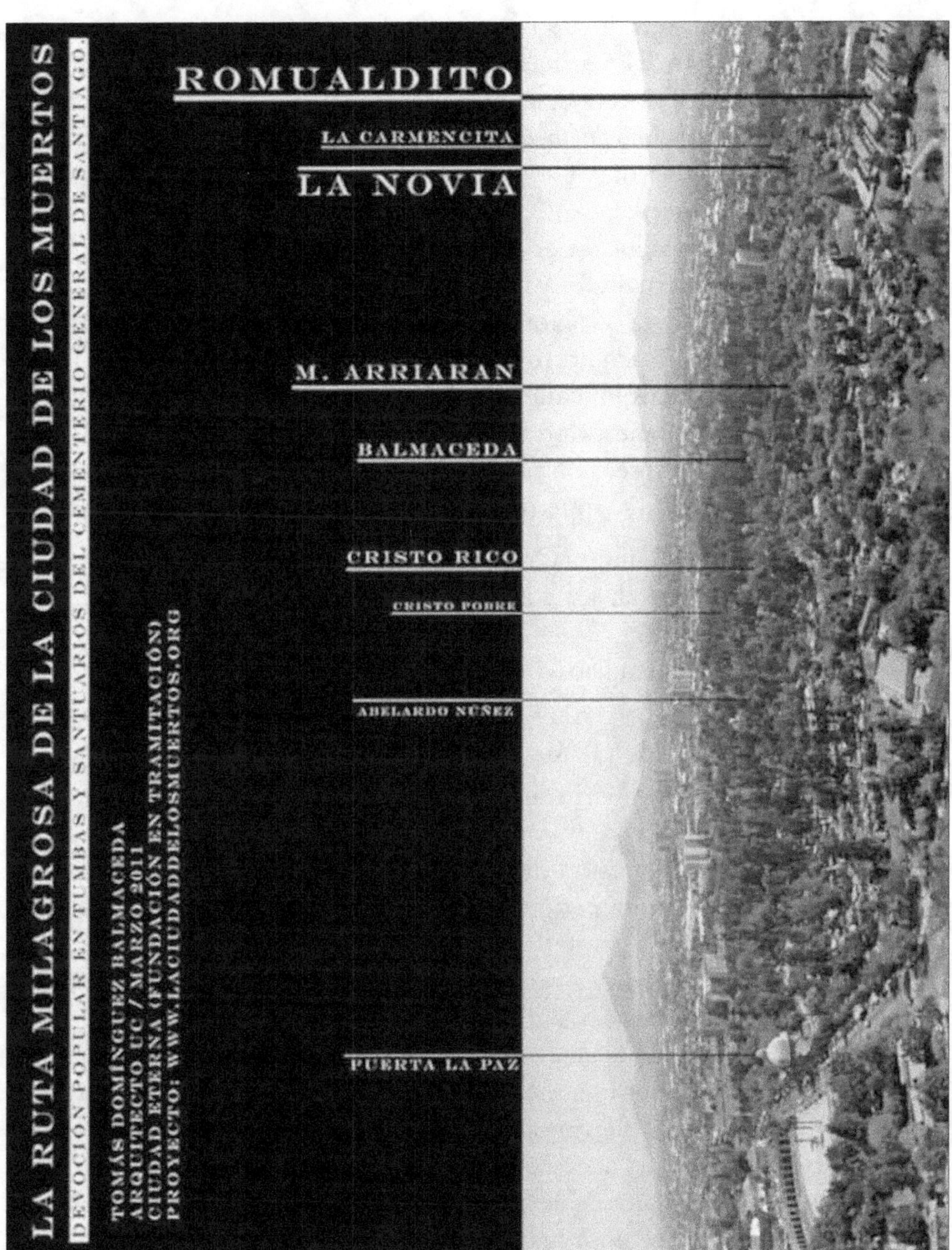

1. La ruta milagrosa del Cementerio General.

El lector americano, fue un nombre conocido por generaciones de escolares que aprendieron a leer y a escribir de sus textos. Su fama se fomentó por rumores de que hubiera sido el jefe del Servicio de Inteligencia Chilena en Lima durante la Guerra del Pacífico y se asociaba al personaje de la literatura apodado el Profesor en *Adiós al séptimo de línea*.

Las peticiones se asocian al éxito en el rendimiento escolar y se manifiesta a través de mensajes. Pese a ser una devoción antigua hace algunos años fueron borrados los rayados en el mármol y fue pintada la piedra caliza, no habiendo evidencias actuales.

La Novia, Noviecita o la Novia Orlita, otra tumba destacada se ubica en el patio N° 70, en la fachada norte del patio interior, que da la espalda a calle Limay y a la que se accede por calle Nicolás Vicuña. También es un mausoleo, el de Orlita Romero Gómez, tipo capilla de albañilería armada y construido en la década de 1940. En él una placa de mármol instalada por su madre en ocasión de los 20 años de su muerte sirve de introducción:

13 de abril de 1943, Hijita Orlita.
En tu breve existencia, distes luz a mi vida, con tu bendita presencia.
13 de abril de 1961
Los ángeles vuelven a Dios.
Tu mamacita.

La historia del culto a la Novia nace de la llamativa reacción que tuvo la madre de Orlita tras la muerte de su hija, ya que, según versiones confiables, la habría embalsamado para conservar su belleza y la habría vestido de blanco para sus funerales. Otra versión dice que la mujer herida en su maternidad, habría cumplido de manera periódica con la costumbre de cepillar el pelo y mantener inmaculado el cuerpo de la joven.

La tradición oral da más versiones de la identidad de la santa popular. Se dice que se trata de una novia que murió el día de su matrimonio al rodar por las escalinatas que la llevaban al altar, no pudiendo concretar su compromiso. Asimismo podría ser una mujer que murió de pena o de un infarto tras ser dejada plantada en su matrimonio. Como contrapunto, la historia forense habla de una joven de 17 años que muere en 1943 de peritonitis.

Lo cierto es que para los fieles se ha convertido en la santa de los enamorados que piden que el amor sea para siempre, de amantes desgraciados que buscan una nueva oportunidad, de novias que piden para tener suerte en el matrimonio y que la unión dure para siempre, pololas que esperan impacientes ser pedidas en matrimonio, deseos de esperanza para amores imposibles, escolares para el éxito en sus estudios, salud y cuidados para la familia, etcétera.

Los rayados se pelean los espacios de los muros del mausoleo e invaden los muros de los vecinos y abundan igual los *tags* (firmas de grafiteros) que se sobreponen en una saturación total que impide dar lectura de algunos mensajes. También se introducen cartas con peticiones por la puerta (algunos con plata), se le dedican corbatas escolares y ofrendas florales.

La siguiente es la Carmencita, situada en el patio N° 82, calle Limay vereda norte, entre calles Nicolás Vicuña y Alejandro del Río. Esta sepultura corresponde a Margarita del Carmen Cañas Cañas, cuya forma es una bóveda subterránea de hormigón armado.

La tradición narra que en esta sepultura descansa el alma de una niña de 9 años, violada y asesinada en 1949, por un criminal que no pudo ser capturado ni castigado. La tumba está animada por quema de velas, placas de agradecimiento, tarjetas manuscritas, muñecas y juguetes, pero por sobre todo ofrendas florales. Su localización está en una vía estructurante del camposanto que conecta con la puerta Recoleta (metro Cementerios), lo que posiciona a esta tumba en la ruta obligada de muchos fieles que visitan a sus familiares. Es quizá la tumba milagrosa más conocida del cementerio y se ha ganado el convencimiento de los fieles como lugar de devoción.

Queda además de manifiesto la existencia de dos realidades paralelas sobre la identidad de la Carmencita: la versión forense que habla de una mujer de 37 años que murió en la Posta Central por una reacción adversa a la anestesia y la versión que da la lectura de las evidencias del culto popular y que rodea al mito de la niña asesinada.

Finalmente, la de Romualdito implantada en el patio N° 34, anexo del pabellón N° 4, tercera corrida, con acceso por calle Dávila, vereda sur, al oriente de calle Alejandro del Río. La sepultura de Romualdo Ivanni Zambelli es un nicho de pabellón de la década de 1930.

Su animita se encuentra en la esquina de la Alameda con San Borja y, es talvez, la más famosa de Santiago. La tumba de Romualdito es un tímido eco de la actividad que suscita su devoción, pero presenta signos persistentes del culto popular y fama de milagroso.

Sobre la identidad de este santo igual existe controversia. La versión forense habla de un mecánico de 41 años acuchillado en el corazón por un asaltante, hecho ocurrido en 1933 en el lugar de su animita. Sin embargo, la versión más aceptada cuenta de un hombre con deficiencia mental, lo que hizo que la gente lo viera como a un niño. Vivía en San Bernardo y en el trayecto que recorría para llevarle el almuerzo a su padre en un hospital, fue asesinado a sangre fría para robarle una manta de Castilla (prenda apreciada en la época) y nunca se supo la identidad del homicida.

Conclusión y análisis

El culto popular de animitas, santuarios o tumbas milagrosas es una tradición de larga data en el Cementerio General y en otros cementerios del país. En sus santuarios la presencia de Dios y el contacto con lo sobrenatural se hace presente en el Cristo Rico y el Cristo Pobre. El nacimiento de estas prácticas en algunas sepulturas, generalmente, es consecuencia de muertes trágicas e injustas causadas por la criminalidad.

Al quedar impunes los responsables de una muerte, queda satisfecha la necesidad de desagravio de las víctimas, la que se traduce en la posterior ritualización del duelo colectivo mediante las prácticas de la religiosidad popular. La creencia de la existencia de un ánima milagrosa da como consecuencia que esta ánima sea querida y temida a la vez, ya que el sentido común y el miedo a lo desconocido y a los espíritus, y a sus acciones, apariciones o maldiciones, ordena al instinto humano que no se perturbe a las ánimas y sus animitas, ni a los muertos y sus tumbas.

La presencia del ánima de los muertos también resulta muy ventajosa para los vivos de buenas intenciones, ya que según la tradición este tipo de ánimas poseen atribuciones similares a las de los ángeles y son buenos intermediarios y mensajeros entre los mortales y la divinidad eterna. El culto a los muertos es un ritual de apaciguamiento, petición y agradecimiento, y las demandas tienen forma de ruegos, compromisos y contratos simbólicos. En los casos estudiados, la devoción popular se enciende de boca en boca, incrementando la fama de la tumba milagrosa y cumplidora de favores, dando origen a santos populares. La bendición y la virtud de estas tumbas provienen de su potencial de ser buenos umbrales y canales de comunicación entre el mundo de los vivos y los muertos, lugares donde acudir pidiendo el socorro de poderes sobrenaturales, milagrosos o dádivas de la divinidad.

La comunicación con los muertos se realiza en silencio orando y pensando; y por escrito en cartas y grafitis. Los agradecimientos y las ofrendas son votivas y de naturaleza simbólica como la vela/luz/alma, las flores/vida/fertilidad y la palabra/placa de agradecimiento y bienes para las ánimas, como juguetes, baberos o, de valor personal de los devotos, como corbatas, ropa interior, etcétera.

Balmaceda es quizá el caso más evidente de la sed de justicia *post mortem* y de la restauración del nombre de la víctima de una muerte trágica. En otros paradigmas trágicos como la inocente víctima de delincuencia, la novia frustrada o la niña abusada por un pederasta homicida, comparece la canonización popular que va de la mano de la idealización de los rasgos de la historia que rodea a la presencia de las ánimas milagrosas. Así, la tradición oral les adiciona rasgos de inocencia y pureza, lo que da como resultado la creación de mitos en torno a las tumbas y contradicciones entre la versión forense y la versión popular.

La ruta milagrosa

El Cementerio General es un inmenso espacio cultural, rico en expresiones que buscan la trascendencia, denso en información y complejo en sus lenguajes. Es el más importante museo de sitio, de la historia de los personajes ilustres de la nación, además de ser una de las colecciones de arquitectura funeraria más grande de América y es tal vez, el más grande museo de esculturas del país.

En base al conocimiento recabado por el proyecto "La Ciudad de los Muertos" y del catastro patrimonial, hemos determinado con precisión los distintos valores patrimoniales que enriquecen al Cementerio General y este saber nos permite planificar el desarrollo de rutas patrimoniales. Así nació la Ruta Bicentenario por las tumbas de los miembros de la Primera Junta de Gobierno, la Ruta del Panteón de los Presidentes de la República, etcétera.

En ocasión de este coloquio, hemos creado la Ruta Milagrosa por los siete puntos (más uno)[48] más importantes de fervor popular del cementerio. El plano permite hacer una visita autoguiada y ayuda a darle presencia a este culto, esperándose que el nuevo recorrido sirva para su valorización patrimonial, para la mayor apropiación popular, para la reafirmación de la identidad y la satisfacción de la necesidad de esperanza, que ayude a aliviar las angustias de las personas.

---

[48] El octavo punto de la ruta es el de don Manuel Arriarán, ex director del Cementerio General entre 1880 y 1906, administración que llevó a cabo el plan de transformación que convirtió a un camposanto parroquial católico en una necrópolis laica del tamaño actual. Después de haberse dedicado toda su vida a la beneficencia, donó en su testamento 100.000 urnas de madera para que los pobres fueran enterrados con dignidad. No tuvo descendencia y el 27 de febrero de 2010 su mausoleo colapsó y no hay quién se haga responsable. Es necesario un milagro para que se reconstruya y se le vuelva a dar digna sepultura. Por esta razón la ruta contempla un último punto en el que se le ruega a Don Manuel por la reconstrucción.

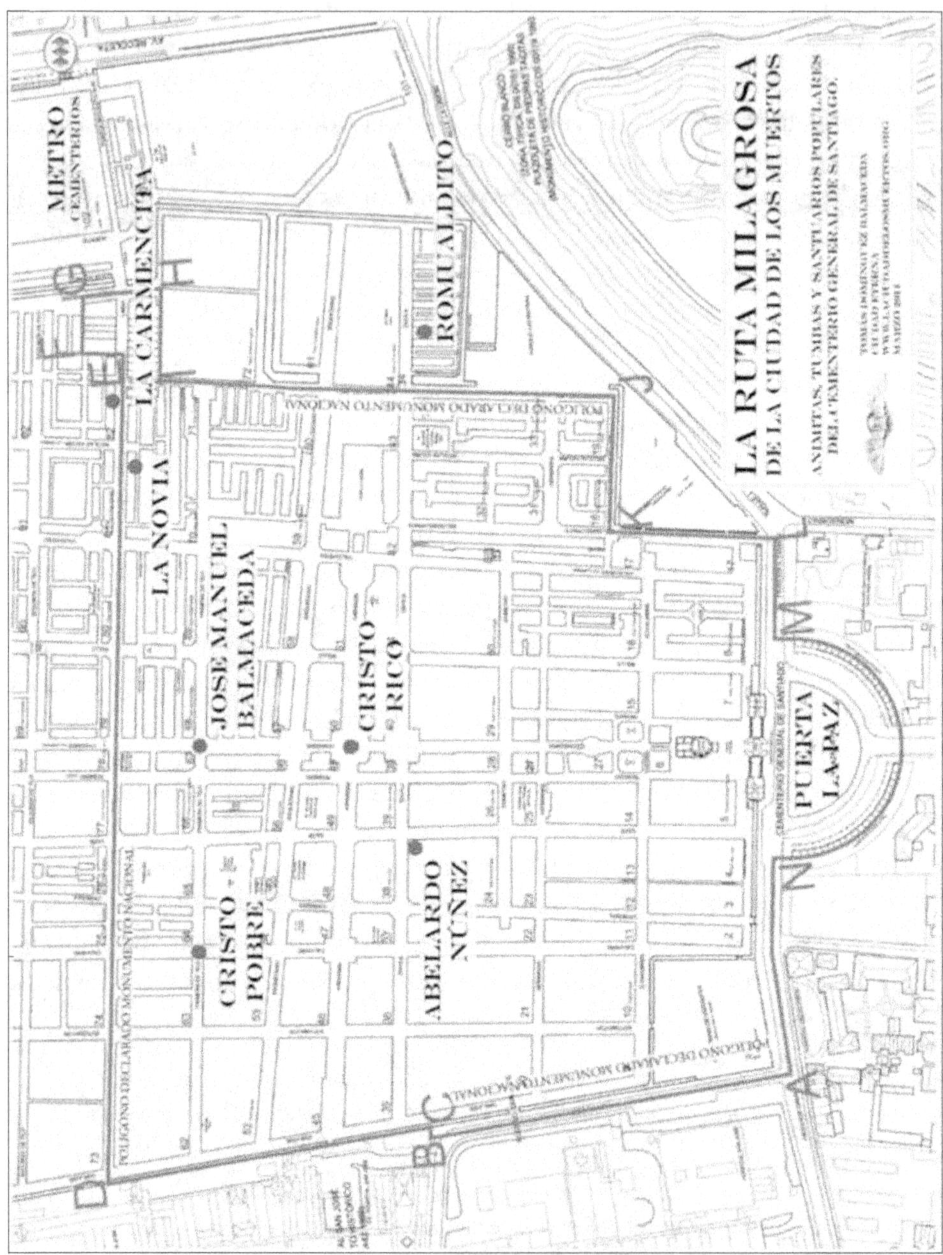

2. La ruta milagrosa: hitos.

LA RUTA MILAGROSA DE LA CIUDAD DE LOS MUERTOS
JOSE MANUEL BALMACEDA
PATIO 68
LA NOVIA
PATIO 70

3a. Animitas

CRISTO RICO
PATIO 50
ABELARDO NUÑEZ
PATIO 24
ROMUALDITO
PATIO 34

3b. Animitas

CRISTO POBRE
PATIO 64
MANUEL ARRIARAN
PATIO 51
LA CARMENCITA
PATIO 82

3c. Animitas

4a. Peticiones de Tomas Dominguez siguiendo la ruta milagrosa

4b. Peticiones de Tomas Dominguez siguiendo la ruta milagrosa

157

Anexo 1. Recorrido inaugural de la Ruta Milagrosa

El sábado 2 de abril de 2011 se realizó la presentación de la ruta y se ritualizó la visita, haciendo peticiones en cada uno de los santuarios y tumbas milagrosas, rogando en esta ocasión por el incierto futuro del Cementerio General.

Anexo 2. La ritualización del duelo paternal y los cumpleaños de los angelitos

En el patio N° 104-B se encuentra la galería de nichos de párvulos, para la tradición popular, la celebración de cumpleaños de los niños inhumados en la galería es fundamental. La fiesta se realiza todos los años y cada niño invita a sus vecinos, la familia hace la ambientación, le llevan regalos, torta, piñata, etcétera. A través de este ritual se mantiene vivo el recuerdo de los niños y se combaten los efectos destructivos de la muerte y los padres subliman el sufrimiento por la pérdida de un hijo.

REFERENCIAS

"Mausoleo de José Manuel Balmaceda: La canonización escolar de un infortunado ex presidente". *Urbatorivm*. 26 de julio de 2009. Sitio web.

Edwards Bello, Joaquín. *Crónicas*. Santiago de Chile: Zig-Zag, 1974. Medio impreso.

IV. Las animitas como componente del paisaje cultural de los caminos de Chile (espacio público-privado)

LA ANIMITA ACTIVADA DE ROMUALDITO.
OCUPACIÓN COLECTIVA DE UN ESPACIO PÚBLICO

Magín Moscheni Sossa

Las creencias populares cobran sentido cuando estas se practican, convirtiendo un sitio corriente, a razón de un valor primitivo, en un espacio señalado por una cantidad de tiempo variable. En esos momentos, el espíritu humano entra en sintonía con un mundo mágico, vinculándose con antiguas prácticas originarias desarrolladas por los pueblos que habitaban el territorio nacional, antes del choque cultural con Occidente, que trajo como consecuencia la muerte trágica de muchas culturas.

Un símbolo de esto lo encontramos representado en Chile por las animitas, que son pequeñas construcciones colectivas realizadas por actos de fe. Se las puede hallar en todo el territorio nacional, adosadas a veredas, muros, postes de alumbrado público, autopistas, caminos, rocas y espacios naturales, entre otros sitios. Su emplazamiento se funda en una simbología transmitida de manera oral, la que puede ser descifrada mediante la observación periódica, desde la cual se distinguen a lo menos dos tipos de espacios: el estructural y el orgánico. El primero está formado por todos los elementos de carácter fundacional, estructural y posteriores ampliaciones que ordenan y delimitan el territorio de la animita y, por lo común, es representado con la figura central de un espacio contenedor, resuelto de variadas formas como, por ejemplo, con la instalación de una pequeña casa de techo a dos aguas y sus variaciones; otras presentan la figura de una gruta, una pequeña iglesia o formas particulares creadas con materiales reciclados. Dichas soluciones se instalan sobre una base, losa, pilote, un poste, entre otras posibilidades o, simplemente, sobre el suelo. El segundo espacio es el llamado orgánico, que está formado por todos los elementos ubicados en el espacio estructural o fuera de él. Ejemplo de estos son las placas de gracia, flores, velas, artesanías, plantas, entre otra gran variedad de objetos dejados a modo de ofrendas. Lo denominamos orgánico por su particularidad dinámica, de transformación espacial, generada tanto por las intervenciones humanas, las inclemencias climáticas, como por las plantas muchas veces presentes, que nacen, florecen y se marchitan, provocando un cambio permanente en la epidermis de la animita que se expande o contrae según la cantidad de visitas y favores que se le adjudican. Cuando las ofrendas son muchas y ya no hay espacio para otras, sus límites se rebalsan y los objetos pasan a ocupar el territorio contiguo, dando como resultado la expansión de la animita para la posible instalación de una nueva pequeña casa, gruta, iglesia u otra solución estructural.

Esta práctica se mantiene vigente gracias a una tradición oral que se desarrolla de manera paralela a la cultura hegemónica y a sus ordenamientos institucionales. Así es como en la ciudad de Santiago es posible reconocer a simple vista estas ocupaciones colectivas, ya que como ciudad joven, que se expande hacia las periferias y las alturas, es un territorio dividido en redes de significado y zonas de influencia. Algunas de estas están cubiertas por la cultura hegemónica, el comercio establecido y la especulación inmobiliaria; otras pertenecen a lo popular, al espacio de los oficios callejeros, del comercio irregular y de las manifestaciones como el grafiti, que da cuenta de una voz alternativa.

La zona de Estación Central es un territorio de gran afluencia de personas, propicio para la coexistencia de lo hegemónico y lo popular. Por una parte, podemos apreciar algunos ambientes privatizados, demarcados, vigilados y cerrados por las noches, como, por ejemplo, el paseo peatonal ubicado frente a la estación y, por otra, a metros de este sitio, un espacio popular ubicado en la entrada de la calle San Borja, representado por la animita activada de Romualdito, ocupación colectiva realizada por actos de fe.

El concepto *animita activada* se usa para denotar características especiales de estas ocupaciones, como son: sus grandes dimensiones en relación a una animita común, la gran cantidad de objetos dejados a modo de ofrendas y mandas, y la presencia de depositarios que son las personas encargadas de resguardar y mantener el lugar limpio, entre otras funciones.

En otra parte de Santiago, al interior del Parque O'Higgins, frente al patinódromo, existe una ocupación que también reúne dichas características. Es la *animita activada* de Marinita. Ambas son museos al aire libre, herencias culturales, memoriales populares, lugares de fe y sectores de resistencia de lo popular, espacios que se conservan por las necesidades espirituales originarias de un pueblo, que las reconoce popularmente como animitas milagrosas.

La *animita activada* de Romualdito se basa en un fragmento de un antiguo muro de dicha estación, el que se ha conservado pese a los intereses económicos que lo quisieron derribar para la "construcción de un supermercado" (Lira: 1). Esta fracción de la ciudad porta el tizne del tiempo, siendo un lugar donde los practicantes de este culto establecen una relación espiritual con el mundo basándose en creencias populares, propias de un realismo mágico latinoamericano que persiste frente a las vicisitudes de la vida moderna. En la animita se desarrolla un lenguaje de códigos simbólicos, basados en creencias, historias, vivencias particulares, colectivas y familiares, las que no solo se encuentran en el caso de Romualdito, sino que también son parte de un rico imaginario presente, en menor o mayor medida, en las distintas animitas irradiadas en las ciudades y parajes a través de todo Chile. Así, se forma un paisaje religioso-pagano popular representado por esta suma de ocupaciones territoriales, poéticas y azarosas que recuerdan el acontecimiento existencial de la muerte trágica, y que ponen en conflicto el funcionamiento de los ordenamientos institucionales, debido al uso irregular del espacio público. Prueba de esto es que "en la década de los ochenta se emitió un decreto para sacarlas de los caminos por ser consideradas distractoras. Tal decreto no tuvo jamás vigencia real" (Lira: 1).

En la práctica de la animita se dice que cuando una persona muere de manera trágica su alma queda vagando en el sitio de muerte, por eso las personas piadosas prenden velas donde la sangre tocó el suelo, para guiarla a la luz, para que así pueda ascender al cielo. Dicha creencia crea un imaginario colectivo y un paisaje religioso-pagano popular, formando una red de significados en torno a la animita.

El origen y la evolución de la animita activada de Romualdito es incierto, pero mediante el estudio de otras animitas urbanas, encontradas en distintas comunas de Santiago,[49] es posible identificar un patrón de crecimiento espacial que se manifiesta a través de códigos simbólicos de esta práctica, dentro de los cuales destacan a simple vista: el tamaño de la ocupación, su estado de mantención y la presencia de placas de agradecimiento.

---

[49]   Comunas de Santiago investigadas durante 2007 y 2008: Conchalí, Independencia, Renca, Recoleta, Huechuraba, La Cisterna, San Miguel, San Joaquín, Pudahuel, Estación Central, Providencia, Las Condes, Ñuñoa, La Reina, La Florida, Puente Alto y Santiago.

A partir de estos elementos y el rumor difundido entre la comunidad circundante, se establecen cinco estados constructivos de la animita. El primero, producto de una muerte trágica, genera el estado de la memoria, en el cual las personas frecuentan el sitio de muerte realizando un acto simbólico, como, por ejemplo, la acción de dejar encendida una vela, entre otras actividades, estado que se consolida con la instalación de un espacio contenedor: una animita. El segundo, consecuencia del anterior, es la animita en uso, donde la población cercana al difunto mantiene vivo su recuerdo, visitando habitualmente a la animita y adornándola. El tercero es la animita emergente, en la cual la población cercana la distingue como milagrosa con la instalación de placas de gratitud; cuando esto ocurre, el rumor del favor concedido se difunde en la comunidad, incitando a que nuevas personas le pidan favores. Una vez que estos son cumplidos, aparecen nuevas placas de agradecimiento, provocando que su tamaño y popularidad comiencen a crecer. Por último, en ese orden evolutivo, surge el punto que llamamos *animita activada*, que es la consolidación de una animita milagrosa, considerada como tal por toda la población creyente, convirtiendo el sitio en un santuario popular, lugar donde se pueden encontrar gran cantidad de placas o exvotos y ofrendas de todo tipo, siendo mayor en tamaño y popularidad que una animita emergente. El último estado definido es el de la animita en desuso, que se caracteriza por su fase de abandono, pero que se puede encontrar en el territorio debido a la carga simbólica que contiene, la que muchas veces impide su desaparición.

Es muy probable que la *animita activada* de Romualdito haya pasado por los estados nombrados anteriormente. De esta se cuentan muchas historias que hablan de su origen, numerosos relatos orales dan cuenta de ello, lo que genera un discurso que se modifica a medida que avanza la tradición. Esta búsqueda del inicio abre un sinfín de versiones, las que en su conjunto forman un imaginario popular, coincidiendo todas con el acontecimiento de la muerte trágica.

A continuación se exponen algunas de esas versiones:

Huguito es indigente que acostumbra a tomar las flores de la animita de Romualdito para venderlas en las micros. Él comenta: "antes en este lugar habían patentes de autos pegadas en el muro, esa era una curva muy peligrosa, estaba lleno de patentes. A los 9 años yo pasaba por ahí, hoy tengo 43". También explica que conoció a Romualdito y que "lo cogotearon en este lugar por sacarle la cartera a una abuelita. Después de eso sacaron todas las patentes y comenzaron a poner plaquitas en el muro". Esta conversación fue realizada el 2007.

La Paty, mujer que cuida autos en el sector y también se encarga de la protección de la animita, comenta: "Un día supimos que lo atacaron varios hombres muy malos que había por ese sector y lo acuchillaron. Él venía del hospital, caminaba con una bolsita en la que había colocado su servicio personal, entiendo que se arrastró hacia la esquina de la Alameda, pero se desangró". Conversación efectuada el 2007.

La señora Lucy, una de las depositarias de la animita, dice de Romualdito: "Era un niñito rubio que lo mataron en este lugar. A mí se me apareció en un sueño". Conversación realizada el 2007.

Las siguientes versiones se encontraron integradas en el muro de Romualdito, impresas con letras rojas sobre papel, pegado en un soporte de cholguán y enmarcado con madera de balsa. Colgado de uno de los pilares del muro y estaba firmado con las iniciales T.P.R., con fecha 1 de marzo de 2007. Cabe señalar que el documento expuesto en el muro es más extenso:

> Dicen algunos que era un niño; otros, que tenía un retraso mental; otros, que era un joven y también los que dicen que era un adulto recién salido del hospital. Son muchos los nombres también que le identifican: Romualdito, Romualdo, Ronaldo, Reinaldo, Rumualdo Ibáñez, Inaves, Ivane, pero el más repetido por todos y confirmado por la gran mayoría de sus fieles es el de Romualdo Ibáñez, a quien lo apuñalaron para robarle un mantón de castilla cuando iba a darle la colación a su padre, en 1933. Se dice que tenía 17 años, pero tenía realmente 41. Lo que sucede es que al parecer sufría un pequeño retraso mental y por eso la gente lo veía como niño.

Oreste Plath, investigador viajero, recopiló versiones de lo ocurrido en torno a la muerte de Romualdito. Una de ellas plantea: "Ese día Romualdo Ibáñez había abandonado el hospital, como era un convaleciente, caminaba solo, con dificultad hacia su casa, envuelto en un chal. Romualdo se defendió con sus débiles fuerzas, pero los maleantes le quitaron 15 pesos, el chal y lo asesinaron en el costado poniente de la Estación Central, junto a un muro" (77).

Las historias también se difunden por internet:

> Romualdo Ibáñez, de 40 años, venía saliendo del hospital tras tratarse una grave tuberculosis, cuando fue asaltado y asesinado por salvajes delincuentes para robarle sus pertenencias. Su cadáver habría sido encontrado justo en el muro donde hoy se lo venera. Se dice que

logró arrastrarse por más de una cuadra en busca de ayuda y en ese lugar murió (www.rie.cl).

Otras versiones afirman que "Romualdito no era adulto, sino un niño que murió asesinado en ese lugar tras ser violado. [...] Esta animita data de los inicios del siglo XX" (www.eltabano.cl).

La Policía de Investigaciones (PDI) tampoco queda indiferente. En un diario nacional se publica un artículo que tiene como encabezado:

La verdadera historia de Romualdito, la animita más concurrida por los santiaguinos. Un grupo de investigadores de hechos históricos de la PDI determinó que se trataba de un mecánico de origen italiano muerto a los 41 años [...] de nombre Romualdo Ivanni Sambelli [...], asaltado y asesinado por una certera estocada al corazón a las 20:30 horas del martes 8 de agosto de 1933 (Barría).

Aportando a este imaginario, en el trascurso de múltiples visitas al sitio durante el 2007 fue revelada la placa que las señoras Lucy y Mary, depositarias de Romualdito, consideraban como la más antigua. Esta databa de 1930, en-contrándose pegada al muro y siendo cuidada de manera celosa por las mujeres que la cubrían con otras placas para que no se la robaran, argumentando que era de oro. La placa fue realizada de modo artesanal, era de metal, posiblemente de bronce y presentaba la forma similar a la de un óvalo recortado por curvas contrarias. En la parte central inferior, tenía un corazón en relieve desde el cual se extendían filigranas orgánicas que simulaban ramas con espinas y brotes re-matados por corazones invertidos. Al costado derecho, unos centímetros sobre el término de la filigrana, figuraba una rama con hojas y en la zona central contenía la siguiente información también en relieve: "Gracias, Lucas (?) 13-(??)-30". Los signos de interrogación que se encuentran entre paréntesis corresponden a información dañada que no fue posible descifrar, como tampoco otras partes de la placa. Dicho elemento aporta una nueva interrogante respecto al origen misterioso de esta animita, debido a que antecede con una diferencia de tres años a la fecha proporcionada por la Policía de Investigaciones.

La memoria es frágil y las versiones son múltiples, pero lo cierto es que en algún momento ocurrió un evento significativo para un grupo de personas, situación que posibilitó la aparición de la animita de Romualdito y que, pro-ducto de su permanencia en el tiempo y las visitas constantes de los devotos, se activó. Actualmente, la animita se adosa a un antiguo muro de la Estación Central y mide más de 15 metros de largo, 3 metros de alto y 3,80 metros de altura máxima. Ocupa alrededor de un metro de vereda, donde se encuentran 31 pequeñas animitas con forma de casas o grutas construidas con diversos materiales, como por ejemplo: hoja lata, fierro, hormigón y piedra. Sobre el muro se han instalado más de dos mil placas y cientos de objetos, puestos en señal de gratitud a los favores concedidos y a sus pies, sobre las pequeñas animitas, se encuentran también miles de ofrendas. Entre ellas, más placas de gracia, iconografía católica en general, velas, flores naturales o de plástico, floreros y maceteros, obsequios hechos a mano o comprados, fotos, oraciones escritas en papel para llevar, entre otros objetos, y dos alcancías instaladas, una por cada depositaria.

Uno de los espacios más interesantes, desde el punto de vista testimonial y dinámico, es el llamado espacio orgánico, comprendido por la suma de todos los elementos que son acomodados sobre el muro o en las animitas. La movilidad de estos objetos provoca un cambio periódico en la piel de la animita. Nunca se la encuentra igual, siempre está modificada. Aparte de estas modificaciones y la suma o eliminación de objetos, igual en la epidermis, queda el registro de algunos atentados que dejan huella en el muro y destrozos de algunos objetos y placas que, posteriormente, son arreglados por los practicantes que la visitan de manera periódica.

La frecuencia de visitas es mayor el lunes porque comienza la semana y con esto la jornada laboral, las personas le piden para que les vaya bien el resto de los días realizando mandas y depositando ofrendas. El flujo de visitas y ofrendas aumenta en fechas conmemorativas como, por ejemplo, en vísperas de la Navidad o el Día de Todos los Santos.

En el 2009, aparece un reconocimiento institucional de esta animita, representado por la instalación de cuatro elementos: una señalética con el nombre de Romualdito, una reja que divide la vereda de la calle, una luminaria ubicada en el sector izquierdo y un recipiente para echar basura instalado en el límite izquierdo de la animita. La intervención demuestra un intento por salvaguardar este lugar, pero pone en duda el sentido popular de la animita, sobre todo con la instalación de la señalética que resalta un nombre oficial, siendo este un elemento antagónico a una de sus principales características, que es la variedad de identidades señaladas en las diferentes placas de gracia, que hacen alusión a Romualdito, Romualdo, Ronaldo, Reinaldo, Rumualdo Ibáñez, Inaves, Ivane. La instalación de esta señalética es un intento de apropiación, proveniente de la cultura hegemónica, que, por lo general, tiende a sesgar y a normar la cultura que le es atractiva o que atenta contra sus ideales.

La limpieza y el cuidado de la animita es realizada, por lo general, por dos depositarias: la señora Lucy y la señora Mary, quienes han optado por dividir este espacio en dos sectores desde el centro hasta los extremos, donde cada cual instaló una alcancía en su respectivo territorio concretando dicha división. El principal trabajo que realizan es la extracción del cerote que cae de las velas, utilizando espátulas y destornilladores como herramientas para raspar y extraerlo de los candelabros y del suelo, material que, luego, es vendido para hacer cera y velas. En conjunto, con este trabajo, efectúan una limpieza del lugar, que consiste en vaciar los improvisados basureros hechos de cajas de cartón y que, por lo general, contienen los envoltorios de las velas. Además, cambian el agua de los floreros, riegan las plantas dispuestas en los maceteros y guardan o reubican las placas de gracia que se han despegado. Cuando se realiza una limpieza profunda, sacan de su sector a las animitas móviles (no fijadas al suelo), disponiéndolas sobre la vereda. También realizan labores por encargo, como, por ejemplo, la de pintar todas las pequeñas casas y grutas, constatándose el uso de tres colores: azul, blanco y celeste.

Cabe señalar que la manipulación de todos los elementos que componen este espacio es realizada de manera doméstica por las depositarias, sin ningún tipo de ceremonia especial.

La práctica de la animita toca la hebra de antiguos vínculos culturales, vislumbrándose un nexo con prácticas originarias desarrolladas por culturas precolombinas. En Chile, como en Latinoamérica, existe un problema de valoración de las tradiciones populares, lo que es explicado por Pedro Morandé, planteando que "la modernidad no ha logrado dar a nuestros pueblos criterios que le permitan valorar y hacer presente sus tradiciones culturales constituyentes, que se remontan al período de encuentro y mestizaje entre europeos, aborígenes y africanos durante los siglos XVI y XVII" (44). Dicho problema es transversal, ya que muchas expresiones de la tradición oral se olvidaron y perdieron entre las generaciones, produciendo una brecha cultural. Algunas de ellas están en riesgo de desaparecer, como es el ritual del angelito,[50] mientras

---

[50] Ritual del angelito: conmemoración de una tradición popular realizada cuando muere un infante. Consiste en adornar su cuerpo como un angelito: con un par de alas en la espalda. El niño se ubica sentado en un improvisado altar lleno de flores, donde se le cantan canciones y es velado. Parte de la creencia plantea que los familiares no deben lloran durante el velorio, a excepción de la madre, porque sus lágrimas mojarían sus alas y el alma podría no ascender al cielo; por tal motivo se contratan mujeres que lloran para la ocasión. Se practica por lo general en zonas rurales.

otras permanecen en desarrollo, como es el caso de las animitas. Esta práctica, considerándola desde el acercamiento de la arqueología a la prehistoria, presentaría un antecedente directo que se remonta al período prehispánico, específicamente a las construcciones pertenecientes al mundo quechua y aimara denominadas apachetas, aún presentes y vigentes en los caminos altiplánicos, en el área andina correspondiente al norte y centro de Chile, Bolivia y Perú. La cosmovisión indígena del poblado andino establece que toda la naturaleza constituye "un universo pleno de lugares especiales y, por ende, sagrado" (Girault: 12).

Se cree que la Pachamama (madre tierra) vive en la montaña y en la tierra como también en la apacheta, lugar en donde comparte el espacio con ciertas entidades espirituales, benéficas o maléficas, denominadas achachilas, almas de curanderos y brujos, que pueden interceder ante los vivos. En cuanto a la noción de este concepto, está referido a una adoración, un homenaje religioso, una veneración profunda.

Físicamente, una apacheta es una acumulación de piedras superpuestas unas sobre otras, sostenidas solo por el equilibrio. Estos amontonamientos tienden a semejarse a la forma de un cono, ubicándose al costado de los caminos o en los cruces de estos y zonas altas de la cordillera. El caminante, al encontrarse con una apacheta, deposita una o más piedras en los montículos, como asimismo puede entregar ofrendas tales como tabaco, hojas de coca y chicha, entre otras, en señal de respeto al espíritu que ahí habita. Junto a los ofrecimientos se realizan peticiones ligadas a la protección, se pide fuerzas para continuar el camino y salud, entre otras. Cuando el creyente llega al lugar de la apacheta debe interactuar obligadamente con esa fuerza, de lo contrario, le puede provocar graves pesares. Otra creencia es que el caminante puede dejar su cansancio en aquel sitio, para lo cual recoge una piedra para frotársela por todo su cuerpo para, luego, depositarla en él y continuar su viaje con nuevas energías. También hay apachetas malditas que están cubiertas por ramas para ser evitadas a toda costa.

La Iglesia cristiana pretendió evangelizar estos lugares poniendo una cruz sobre ellas, lo que generó una síntesis tanto cultural como visual. Girault, investigador de esta expresión, explica "que la actual apacheta es una continuación de la que existía ya en tiempos pre-hispánicos" (34). Si bien, la apacheta no se asemeja estructuralmente a la animita, ambas presentan antecedentes comunes relacionados con su cosmovisión. En ambas reside un espíritu que puede interceder ante los vivos, al que se le entregan ofrendas y se le pide protección. Además, ambas son construidas de forma colectiva, por medio de la acumulación de elementos.

Existe otro referente, esta vez proveniente desde el mundo católico: son los llamados "petos de ánimas". Yolanda Barriocanal, investigadora del tema, comenta que estas ocupaciones aparecen entre los siglos XVIII y XIX en Portugal y la Galia. Agrega, que dichas construcciones se encuentran en los "caminos medievales que, en ocasiones, coinciden con antiguas vías romanas" (83) y, además, explica: "La denominación petos de ánimas se debe a la combinación de dos elementos esenciales en la construcción: la alcancía o peto donde se depositan las limosnas y los retablos de ánimas inmersos en las hornacinas de los monumentos" (16).

De lo anterior se puede deducir que existe una relación en las características de los petos de ánima con las actuales animitas, ya sea por su emplazamiento en un espacio de uso público, como también en carreteras y la presencia de alcancías en algunas de ellas.

Por otro lado, la autora cuenta que la arquitectura de estos petos de ánima presenta una variada morfología que es de creación popular, la cual no se adapta a esquemas fijos y, que algunos de estos, fueron emplazados en uno de los frentes del pedestal de los cruce de caminos, donde se excavó un nicho para alojar escenas del purgatorio y, también, la caja de limosna (62). Otro tipo reproduce formas de altares en miniaturas, construidos con dos cuerpos: el inferior, generalmente desprovisto de decoraciones, presenta un volumen en forma de mesa que sobresale de la verticalidad y, en el cuerpo superior, se labró la hornacina.

Al igual que en la animita, se observa iconografía católica y una variedad de formas constructivas, todas con características particulares. En relación a la materialidad, se encuentra una amplia variedad, por ejemplo, las hay de hojalata, fierro, ladrillos, piedra, madera, hormigón, azulejos o también de materiales y estructuras recicladas, como, por ejemplo, las patas de una silla escolar cubierta con hojalata. Todas coinciden en la creación de un espacio contenedor con techumbre y abierto en la zona frontal por donde se ponen las velas. A diferencia de esta variedad de materiales, el usado en la construcción de los petos de ánima es el granito, roca abundante en el suelo gallego.

La creencia cuenta que en los petos de ánima se reunían las ánimas, las que eran ayudadas a ascender al cielo por medio de la oración y misas realizadas gracias a la recolección de ofrendas y dinero recaudado en dichos lugares. Barriocanal comenta:

Estas prácticas han ido desapareciendo aunque con diferente senti-do y motivación, las pequeñas contribuciones familiares a favor de las almas del purgatorio, mantienen el recuerdo de los pagos de las primicias de las cosechas y diezmo en que los fieles debían pagar a la iglesia y la bendición de los productos agrícolas a fin de procurar la fertilidad de los mismos (28).

Este culto se desarrolló en tal grado que, incluso, se llegaron a crear cofradías de ánimas, encargadas de recaudar fondos y celebrar misas a las ánimas del purgatorio, prácticas que serían religiosas con un matiz profano. La autora explica que la tradición de ciertas prácticas profanas cumplen un papel decisivo en la adopción de ideas en torno a la muerte cristiana, que se mezcla, algunas veces, con la "traducción desajustada del mensaje cristiano" (29), lo que provoca una convivencia de prácticas ancestrales con nuevas ideas, sedimentándose ritos y creencias populares en la tradición oral. Con lo anterior, se establece otro vínculo entre los petos de ánima y las actuales animitas, en las que también se ve la relación con lo divino y la entrega de una ofrenda. De estas se "dice que las almas de las animitas están en el purgatorio porque murieron de forma accidental y dependiendo de la cantidad de favores que realicen pasan al próximo nivel, al cielo" (Ortega). Esta creencia no es la versión absoluta, puesto que lo relatos tienen múltiples aristas y diferencias, según la peculiaridad de cada individuo, dejando en claro una particularidad del culto, como es conceder favores.

Por tanto, se establece que la animita emergente y activada funciona en la siguiente lógica de reciprocidad: se pide algo y se ofrece algo a cambio; si cumple con la petición, se debe entregar lo prometido. El factor de la fe es fundamental en este tipo de culto, en la que se produce una síntesis de la acción ritual mágica, bajo la forma de un pacto entre el hombre y el ánima. De la información recogida en relación al culto actual de las animitas emergentes y activadas, se puede señalar: primero, que estas pueden actuar de manera benéfica o maléfica, dependiendo principalmente del respeto y de cómo se cumple con lo prometido; es decir, si la reciprocidad se desarrolla o no, en relación a esto, se dice que las animitas son muy cobradoras, dado que si no se le cumple lo prometido puede traer desgracias. Lo segundo, es que en el culto a las ánimas siempre existe la fe, pero que no necesariamente tiene que estar vinculada al dios cristiano. Se ha podido constatar que para ciertas personas la animita no actúa como intermediario con Dios, sino que es ella la que concede los favo-res. En estas situaciones, la animita muchas veces actúa como una especie de amuleto. Y por último, la visión tradicional del culto dice que las animitas son intermediarias entre Dios y el hombre.

A modo de conclusión, se establece que la animita activada de Romualdito es una ocupación colectiva del espacio público realizada por actos de fe. Un monumento fúnebre popular, una pieza de arquitectura religiosa-pagana, que cambia su epidermis de manera orgánica, según el flujo de visitas y ofrendas dejadas. Santuario popular construido por un pueblo que se expresa espiritualmente y que tiene la necesidad de encontrar consuelo, apoyo y ayuda frente a la precariedad social existente.

Práctica reconocible que forma parte de la idiosincrasia chilena, reflejo de creatividad, de los modos de vivir y las formas de morir. Museo interactivo al aire libre por preservar parte del territorio y temporalidades del país. Símbolo de la resistencia de lo popular.

La animita es un hito en el camino que enfrenta a lo humano con el abismo de lo desconocido, mezclando una fe profunda y antigua en los muertos.

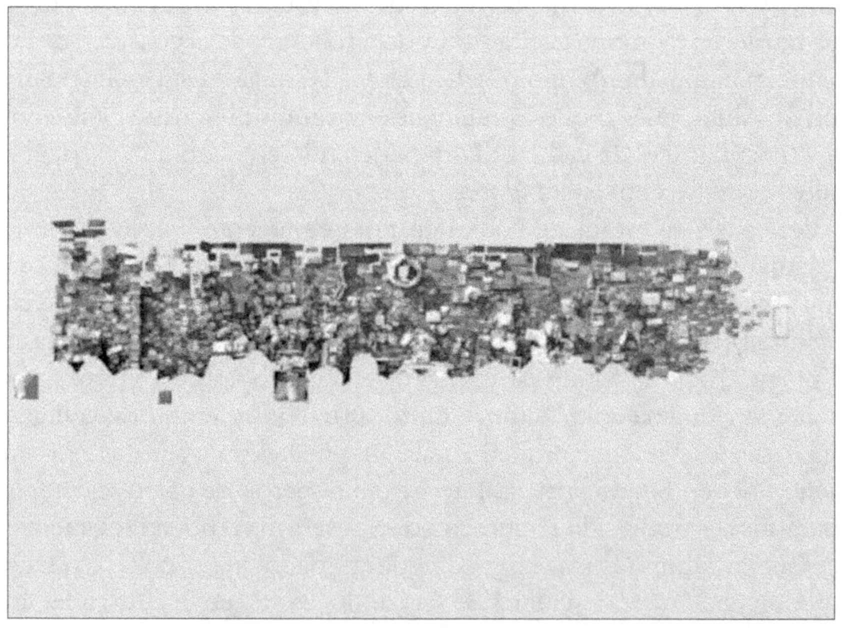

1. Rumualdito. Espacio organico.

2. Rumualdito. Intervencion institucional.

3. Rumualdito. Placa mas antigua.

REFERENCIAS

Barriocanal López, Yolanda. *Arte popular: los petos de ánima*. Ourense: Boletín Avriense, anexo_3. Museo Arqueológico Provincial, 1985. Medio impreso.

Barría, Audémico. "«La verdadera historia de Romualdito», la animita más concurrida por los santiaguinos". Diario *El Mercurio*, domingo 7 de agosto de 2009. Santiago, Chile. C10. Fecha de ingreso: 18 de abril de 2013. <http://modulos.iglesia.cl/conf/recortes.ficha.php?mod=recortes&id=11456&sw_volver=yes>. Sitio web.

Girault, Louis. *Le culte des apacheta chez les Aymara de Bolivie. (Planches II et III)*. Tomo XLVII. Biblioteca Museo Precolombino, separatas n° de clasificación 300374.

Lira Latuz, Claudia. "Las animitas son una expresión popular presente en Chile". *PUC noticias*. Fecha de ingreso 27 de enero de 2006. <http//www.puc.cl/noticias/ficha/pub628.html>. Sitio web.

Morandé, Pedro. "La cultura como experiencia o como ideología". *Revista Universitaria*, artículo N° 22 (1987). Pág. 44.

Ortega Grossling, Luis. Comunicador social. Conversación, testimonio de la tradición oral. Santiago, 2008.

Plath, Oreste. *L'Animita. Hagiografía folklórica*. Santiago de Chile: Editorial Pluma y Pincel, 1993. Medio impreso.

"La animita de Romualdito". [*www.eltabano.cl*]. Fecha de ingreso: 27 de enero de 2006.

<http://eltabano.cl/modules.php?name=News &file=article&sid=9>. Sitio web.

"Romualdito: La animita de Estación Central". [*www.rie.cl*]. Fecha de ingreso: 27 de enero de 2006.<http://rie.cl/?a=2359>. Sitio web.

\# PAISAJES BORROSOS (ENTRE SUJETO-OBJETO Y LUGAR): EL SECRETO CRISTALIZADO DE LAS ANIMITAS

Lautaro Ojeda Ledesma

Religiosidad popular y las animitas

Para referirse a las prácticas no oficiales de carácter religioso, muchos investigadores usan el término religiosidad popular. Cristián Parker lo ha definido como el "conjunto de creencias, rituales y prácticas religiosas que serían 'desviadas' de los patrones establecidos por la ortodoxia oficial" (60). La investigadora venezolana Angelina Pollak-Eltz la describe como el conjunto de creencias sustentado en el trinomio catolicismo-magia-secularidad (19). Floreal Forni define la religiosidad popular como una creencia "imbricada en la cultura y expresada con signos sensibles muchas veces espontáneos y realizados al margen del ritual y disciplinas del cuerpo eclesiástico" (7). Chertudi y Newbery explican que se denominan canonizaciones populares –en un país de fuerte tradición católica– "aquellas que tienen como objeto de culto personas que han sido canonizadas por el pueblo" (9), donde no ha intervenido la Iglesia católica como institución. Estas personas son popularmente denominadas *santos*, reinterpretando así el lenguaje oficial de la Iglesia. Otros autores han planteado que la religiosidad popular es una herramienta de resistencia a un esquema de dominación que desnaturaliza el orden social, resolviendo de forma paliativa problemas cotidianos a los cuales los sectores populares están sometidos.

La práctica de las animitas puede entenderse como una expresión de esta desnaturalización, pero no representa una necesidad o una carencia material, sino que la voluntad de cristalizar un hecho trágico –la pérdida de un inocente– en la memoria colectiva, mediante una expresión material vehiculada por expresiones inmateriales: "En general este culto a las 'animitas' ha sido minusvalorado como expresión religiosa, considerándola como práctica 'supersticiosa', las autoridades públicas simplemente la han tolerado" (Salas Astrain: 182).

Salas Astrain declara que "la calle en la cual ella se erige es la zona del más fuerte; en ella las víctimas son siempre inocentes o casi siempre inocentes. Es una religiosidad de los pobres, pues el difunto que se celebra es por excelencia: el indefenso" (184). Estamos de acuerdo con la empatía hacia el indefenso (Lira: 129), pero aseverar que la práctica de las animitas es una expresión exclusiva de los sectores sociales desfavorecidos nos parece excesivo. En los catastros que hemos desarrollado, podemos encontrar animitas en todos los sectores de la ciudad, vinculadas a distintas clases sociales,[51] y por lo mismo, que exista un mayor número de animitas en los sectores populares estaría más bien asociado a políticas nihilistas de ocultación por parte de los sectores más acomodados, ya sea de forma inconsciente o no. En Chile, por lo general, las clases más acomodadas consideran las animitas como una práctica supersticiosa, molesta y estéticamente burda: una marca de primitivismo que atentaría contra la imagen de progreso que el urbanismo racional pretende alcanzar. No es casualidad que en la ciudad de Viña del Mar hallamos solo 30 animitas (la mayoría en los sectores populares de esta ciudad) y que en Valparaíso hayamos encontrado 87. Por ello, en Chile no resulta extraño que esta práctica suscite miradas y comentarios despectivos, y más aún, si se asocia a los sectores sociales más pobres. Es frecuente que se considere a la animita como una práctica simplona y simpática, propia de nuestro folclore:

> ciertos enfoques teológico-pastorales al momento de definir lo que es la religión popular tiende a empañar una visión más clara de las cosas. Me refiero al "juicio" que se lanza, implícita o explícitamente, cuando al analizar la religión popular inmediatamente se la califica en términos de "religiosidad tradicional", "ignorante", "supersticiosa", "pagana", en relación a la "religión" oficial, juzgada a priori como "auténtica" y "verdadera" (Parker: 58).

Esta práctica tampoco se podría adherir a algún tipo de reivindicación social que escondiera una posición ideológica con respecto al Estado interviniendo ilegalmente el espacio público. Sería más bien una de las herramientas que la sociedad chilena ha desplegado para superar el traumatismo de una

---

[51]   En Concón, destacamos la animita del exalcalde Jorge Valdovinos.

muerte considerada violenta, injusta e inesperada. Una muerte de este tipo en el espacio público se contrapone a la muerte natural y prevista en la intimidad del hogar (ideal barroco). En Chile, una muerte en el espacio público se asocia a una muerte solitaria, anónima y desprovista de afección, y por ende, injusta, incomprensible y aterradora.

En las creencias animistas esta defunción, fuera de lugar, sería determinante para el tipo de vida *post mortem* que tendría el difunto, pues el ánima, espíritu, alma, errará de forma incesante por el espacio intentando recuperar parte de su identidad, y como *alma en pena* nos recordará "lo que puede ocurrirnos fuera de nuestro domicilio" (Salas Astrain: 184): devenir en un alma eternamente atrapada entre dos mundos.

Los creyentes dicen que las animitas "escuchan, cumplen, pero también cobran, castigan, penan" (Salas Astrain, 186; Plath, 16). Estas son las bases de una economía simbólica que vincula al difunto con los vivientes y que será determinante en la evolución de la envergadura urbana que estas puedan tener. Sin embargo, como desarrollaremos más adelante, las animitas *crecen*, por lo que cada una de ellas posee sus propias dimensiones espaciales, lo que confirmaría que, en esta práctica, la muerte no se presenta como "una idea sino más bien como una imagen" (Morin, 24), sin escala fija.

En las entrevistas que hemos realizado, los familiares de diferentes animitas declaran, en una gran mayoría, haber construido una casa para el alma de su pariente, intención que se concreta en la conjunción de una serie de objetos que identifican la personalidad del difunto y la imagen de lo que la sociedad entiende por animita, imagen inspirada y sustentada, por el paisaje ritual-urbano que las animitas establecen:

> la expresión de *las emociones funerarias*, manifestadas según un ritual definido y ostentativo, pueden ya sea desbordar, ya sea ignorar las emociones reales provocadas por la muerte, o bien darles un sentido desviado. De esta manera, la ostentación del dolor, propia de ciertos funerales, está destinada a demostrar al muerto la aflicción de los vivos con el propósito de asegurarse su benevolencia (Morin: 26)

Las animitas y la planificación urbana

Desde el punto de vista de la planificación urbana, esta práctica se presenta como un paradigma arquitectónico, urbano, estético y social, de expresiones informales que poseen ciudades contemporáneas y rurales de Chile. Paradigma importante si consideramos que la mayoría de los fenómenos urbanos de la ciudad contemporánea están en una constante dialéctica entre control y descontrol, formalidad e informalidad, planificación y espontaneidad.

El espacio público[52] de las ciudades contemporáneas chilenas posee muchos rincones y lugares inhabitados e inutilizados, donde se teje una serie de construcciones informales y temporales con distintos fines, donde se construye un complejo paisaje informal, cuya estética tiene un fuerte parentesco con el de las animitas.

Para analizar y proponer directrices con respecto a las animitas en el espacio público, reconocemos una cuestión más relevante: la ciudad informal que convive o lucha con la ciudad formal, "la amalgama entre las ciudades formales e informales llama la atención sobre la necesidad de percibir integralmente los paisajes urbanos y, sobre todo, por parte de aquellos que pertenecen a la ciudad formal" (Tardin Coelho, 214). Las animitas, como práctica y objeto, son parte íntegra y constitutiva de la ciudad informal y, debemos entenderlas desde esta perspectiva, abandonando todos los cánones contemporáneos que buscan formalizar lo informal. Para ello, tenemos que partir de la base que las animitas son erigidas por ciudadanos que buscan conmemorar o perpetrar la memoria de otro extinto en el espacio público, por lo que las animitas representan una fuerte noción de pertenencia a la ciudad, una profunda expresión identitaria y un altísimo nivel de civismo:

> La ciudad es un ente jurídico, una realidad social determinada por el derecho. No solo porque este determina su "institucionalidad", sino también y sobre todo porque es inherente al estatuto de ciudadano, que supone participar en la constitución de las instituciones representativas y ser sujeto libre e igual de las políticas públicas. Pero al mismo tiempo presupone inevitablemente momentos de alegalidad, cuando no de ilegalidad" (Borja:23).

El civismo de las animitas puede apreciarse en varias expresiones: el respeto por el entorno próximo en el cual estas se insertan, la mantención y hermoseamiento colectivo que estos espacios presentan y, finalmente, la

---

[52] François Choay y Pierre Merlin señalan que el espacio público puede "considerarse como la parte del dominio público no edificado, sujeto a usos múltiples" (317). En Chile, la Ordenanza General de Urbanismo y Construcción define el espacio público como "bien nacional de uso público destinado a circulación y esparcimientos entre otros". Al parecer, las animitas podrían incluirse en la mención "entre otros".

empatía por la desgracia ajena. Todas estas manifestaciones solo son posibles por la libertad que la informalidad entrega, lo cual se contrapone a los espacios planificados y normalizados que, por lo general, se caracterizan por su pulcritud y esterilidad.

Françoise Choa afirma que la ciudad (formal) "tiene como principales funciones el intercambio, la confrontación y el encuentro colectivo" (822). Las autoridades de las ciudades con el fin de regular estas funciones, para evitar posibles desigualdades y desórdenes, instituyeron una serie de herramientas legales de planificación y regulación. Hoy, en Chile, desde la perspectiva legal urbana, el territorio es definido como un conjunto de calles y plazas de uso público y lotes con edificaciones de uso privado. Por otra parte, la Ordenanza General de Urbanismo y Construcciones define el espacio público como sigue:

> Bien Nacional de Uso Público [...]. En primera instancia, el derecho vincula al espacio público con una propiedad pública (Bien Nacional), es decir, con el dominio del Estado. Esto implica que su regulación se rige según derecho público y que su uso está regulado por el Estado. En segunda instancia, se desprende de la definición legal que el uso del espacio público está en directa relación con su estatus de propiedad: la ley no contempla que espacios de otra naturaleza puedan ser usados públicamente (Schalk: 25).

El artículo 1.1.2 define los significados de los vocablos que en ella aparecen, entre ellos el de *equipamientos* que es definido como "construcciones destinadas a complementar las funciones básicas de habitar, producir y circular, cualquiera sea su clase o escala" (17). Con estos antecedentes, podríamos situar a las animitas en el ámbito de la planificación territorial y urbana, pues estas, al ser objetos de valor estético, de carácter ritual y de uso público, pueden entenderse como equipamientos de culto. El artículo 2.1.33 define los equipamientos dedicados al culto y cultura como "establecimientos destinados principalmente a actividades de desarrollo espiritual, religioso o cultural, tales como: catedrales, templos, santuarios, sinagogas, mezquitas" (80). Pero antes de ser equipamientos de culto, las animitas deberían acreditar un título de dominio,[53] lo que resultaría de la incierta posibilidad de compra del espacio en el cual estaría la animita,

---

[53] Título de dominio: escritura legal de un terreno que determinaría la propiedad de un espacio determinado a un usuario específico; esta herramienta antecede los permisos de edificación.

por parte de algún familiar, o estar inserta en alguna propiedad que avale su presencia, cumpliendo cabalmente con las normativas locales.

Estos antecedentes nos permiten declarar que, hoy en Chile, la construcción y mantención de una animita no está regulada por ninguna entidad estatal o eclesiástica, lo cual lleva a entenderlas como bienes privados, anónimos e informales, construidos, adosados o incrustados, en su mayoría, de forma ilegal, sobre un bien del Estado o un bien privado. Estas características de ilegalidad e informalidad, las vuelven legalmente vulnerables y políticamente prescindibles, al momento de pensar en una obra de carácter público o una nueva urbanización.

Esta supuesta vulnerabilidad contrasta con la antigüedad de esta práctica (más de doscientos años),[54] lo cual deja en evidencia que la ciudad no se puede resumir en un legajo de normativas, definiciones y regulaciones que nacen desde el raciocinio de unos pocos, sino todo lo contrario: la ciudad sería la sumatoria de múltiples deseos racionales e irracionales que resultan de una dialéctica colectiva que determina, *de facto*, lo que es correcto o no, ajustándose a las necesidades de unos sin entorpecer las de otros. En varias de las entrevistas que hemos realizado, encontramos relatos e historias de conflictos urbanos asociados a la presencia de una animita en el espacio público. Así lo refleja el siguiente extracto, correspondiente a una mujer de 58 años, quien hace referencia a la animita milagrosa de Fabiancito, ubicada en el cerro Santo Domingo (sector de conservación histórica) en Valparaíso:

> En el vecindario me echaron los carabineros y vinieron de la municipalidad a pasarme una multa porque supuestamente yo estaba haciendo tira el muro. [...] vinieron de la municipalidad a ver qué es lo que pasaba. Y les dijimos, cuál era el motivo, por qué se estaba haciendo eso, y que habían sacado un poco de muro, pero que nunca fue con la intención de echarlo abajo y hacerlo tira. Y ahí el joven

---

54   En su obra *Valparaíso y los ingleses*, Benjamín Vicuña Mackenna hace referencia a un lugar dedicado a la memoria de los fallecidos, producto del naufragio del buque Nuestra Señora de la Ermita en la punta de Reyes, que data de 1769. Ricardo Latcham en su obra *Vida de Manuel Rodríguez: el Guerrillero*, revela la existencia de una animita (1818) en el lugar donde Rodríguez fue asesinado. En la obra de Richard Keyne Darwin, *The Beagle record*, la cual relata el viaje de Charles Darwin en Sudamérica y su paso por Chile, hemos encontrado un dibujo firmado en 1835 que muestra un lugar de conmemoración similar a un animita en la ciudad de Coquimbo, lugar que al parecer podría corresponder a la animita del Quisco relatada por Oreste Plath.

me dijo que no había problema. [...] Cuando se dio cuenta de lo que estábamos haciendo, no nos dijo nada.

Este planteamiento se sitúa entre dos discursos contemporáneos del urbanismo. El primero es conocido como *new urbanism*, el cual plantea un control e imposición de principios que determinan, de manera tajante, la vida urbana. El segundo, refiere al concepto de *edgescities*, el cual argumenta que las ciudades periféricas aparecen espontáneamente entre las ciudades tradicionales, derivando su orden del azar (Browne: 48). Browne plantea que urge "buscar nuevas alternativas guiadas por un urbanismo sensible y oportuno antes que insistir en un urbanismo de masterplan y normativa. [...] Pensar en la ciudad informal es recuperar el discurso de la forma abierta" (51). En Francia, durante la década de los ochenta, el urbanista Antoine Grumbach, en oposición al urbanismo racional, que creaba sin cesar nuevas ciudades, planteó la teoría del *urbanismo inverso*, argumentando que los seres humanos contemporáneos no soportan ser fundadores de una ciudad, por lo que no podrían vivir en un lugar nuevo sin historia, ya que lo entenderían como un espacio sin relato y sin identidad.

Hoy, en términos infraestructurales, Chile progresa de modo exponencial. Sin embargo, los urbanistas, arquitectos y otros profesionales involucrados en la planificación y creación del espacio público tendrán que velar y actuar para que este progreso no atente contra nuestros trazos, relatos y valores identitarios, que aún permanecen en estas grandes fragmentaciones, que llamamos ciudad: "Del conjunto de todas aquellas disciplinas profesionales que confluyen e inciden en la construcción social del paisaje, quizás es la arquitectura una de las que más énfasis pone en la visibilidad de la estructura de ese paisaje" (González Virós: 163).

El paisaje ritual que construyen las animitas se puede entender como la sumatoria de miles de pequeños edículos similares que logran diferenciarse en su infinita repetición. La dialéctica entre bienes públicos y bienes privados tiene una fuerte dimensión material, pero la dimensión inmaterial, es decir, aquella en la cual están presentes las tradiciones, relatos, ritos y costumbres, podría ser la clave de los conflictos, contradicciones y proyecciones de lo que define y determina las características y cualidades del espacio. La animita en tanto práctica y objeto, se presenta como un paradigma de estas realidades desfasadas y nos entrega una lección sobre cómo observar y entender el espacio y la sociedad.

¿Material o inmaterial?

Como bien hemos podido constatar, lo que el pueblo chileno entiende por animita fluctúa entre idea e imagen, entre vida y muerte, entre objeto y sujeto, entre materialidad e inmaterialidad. La animita como objeto viene a ser un templete que tiene por finalidad construir el hogar del espíritu. En el acto inicial de esta práctica –que marca o sella el lugar donde ocurrió una muerte trágica y determina el emplazamiento geográfico del lugar donde el alma del difunto ha quedado atrapada–, subyace la noción de animita como sujeto.

Finalmente, la práctica social que genera esta conjunción entre objeto y sujeto, el lugar-animita, posee de modo intrínseco una condición multiescalar que fluctúa entre lo espiritual y lo objetual. Esta cualidad hace que las animitas, como práctica y objeto, sean un todo indisociable, por lo que no convendría estudiar estos aspectos de forma aislada sin interrelacionarlas ni estudiarlas desde una sola perspectiva disciplinaria.

La animita como sujeto

Una de las primeras nociones que los familiares y practicantes poseen con respecto a las animitas es que estas son las almas de las personas que han muerto de manera trágica en la vía pública:

> La muerte violenta, sanguinaria, es aspirada por una analogía parecida; asesinar, violar, atropellar, es un asunto de sangre. La sangre de la víctima que cae al suelo nos deja en evidencia la asociación prohibida: agresor-víctima. Tal asociación exige un vínculo simbólico más radical que justamente expresa el simbolismo de la "animita" (Salas Astrain: 186).

Desde este hecho fundacional, los devotos establecen un sistema de relaciones directas sin mediaciones por terceros. Marcel Mauss, en su *Ensayo sobre el don*, concluye que la idea de la reciprocidad es una de las bases fundamentales de toda relación humana. Para ello, hace una contraposición entre una relación contractual y el don. El autor afirma que la relación contractual se sustenta en una objetividad estable, pues una vez terminada y cumplida la prestación, los sujetos quedan liberados de toda obligación y, por ende, se desvinculan totalmente de la relación contractual. Una vez concluida la relación contractual, se rompe el vínculo establecido entre las partes. Como contraposición, prima en el don la subjetividad inestable, que mantiene y proyecta las obligaciones de las partes, en un tiempo indeterminado. Por ende, en el caso de las animitas, la relación de don, el favor cumplido y pagado, fortalece y proyecta el vínculo establecido entre las partes, como lo muestran los siguientes extractos de entrevistas realizadas en la animita de Luis Amadeo Brihier Lacroix, alias Emile Dubois, presente en el Cementerio N° 3 de Valparaíso:

"Yo hice un esfuerzo, [...] mientras yo esté viva (de) venir a verlo, tengo un compromiso con él" (mujer, 60 años).

"Lo que le he pedido me lo ha concedido. [...] Lo vengo a ver, lo primero que le pedí fue pa'l Golpe de Estado, por lo problemas políticos de mi hermano [...] y le pedí que pudiera salir de Chile" (mujer, 50 años).

"Había un cerco de adobe, allí originalmente, fue donde lo sepultaron, yo del año 60 que vengo acá, soy de la Octava Región. [...] Siempre vengo acá" (hombre, 70 años).

En las prácticas de las animitas se manifiesta una relación directa entre el devoto y el ánima que se hace explícita cuando deposita sus imploraciones y solicitudes, las cuales, según sus creyentes, son generalmente cumplidas por el ánima, demostrándose la gratitud mediante el depósito de placas de agradecimientos, limpiando y manteniendo el lugar de devoción o transmitiendo en su círculo social las cualidades benefactoras de la animitas, por ejemplo.

Si bien existen expresiones compartidas, se puede decir que es cada devoto quien elige la manera de expresarse hacia la animita. En las placas de agradecimientos a Dubois, los devotos se refieren a él como "Emilio Dubois, Emilio, Emilito, Dubois, Duby, Duvoi, Don Emilio, o como Santo, animita, o amigo Emilio"[55] (Ojeda y Torres: 88). Por lo tanto, la animita entendida como sujeto tiene un carácter holográfico: en el círculo social de los devotos no posee una identidad e historia única, ya que esta se construye y deconstruye gracias al imaginario devocional que los practicantes vehiculan de diversas formas.

"Emilio Dubois era un personaje que llegó de Francia y era delincuente, pero él robaba para subsistir y para ayudar a los pobres. [...]. Yo creo que nunca un delincuente o un asesino ha ayudado tanto a los pobres [...]. Él robaba para ayudar a la gente necesitada, a él no le gustaba que la gente pasara hambre" (hombre, 45 años).

"Fue como un revolucionario, que robaba para ayudar a los pobres" (mujer, 45 años).

---

55   Emile Dubois: el nombre oficial registrado en el certificado de defunción realizado por el Registro Civil del puerto, es Luis Amadeo Brihier Lacroix.

"De ahí en adelante [después de su muerte] creo que la gente empezó a pedirle favores, como él decía que era inocente y murió como mártir" (mujer, 50 años).

"Sí, claro, era un francés que estaba radicado aquí en Chile [...] hacía muchos trabajos, pero más que nada vivía de la bohemia, cosas así, era un bohemio [...]. Lo fusilaron [...] Porque lo acusaron de varios crímenes que habían sucedido aquí en Valparaíso. Había muchas pruebas que lo inculparon. Él hasta el momento que estaba recibiendo, ya sus últimos suspiros, aseguró que era inocente. Se mantiene la duda, a pesar de todas las pruebas que lo acusaban (mujer, 55 años)[56] (Ojeda y Torres: 84).

Esta noción de sujeto del difunto está estrechamente relacionada con la imagen en vida que los personajes poseían, esencia de la transfiguración *post mortem* que los sujetos poseen. Desde las entrevistas, historias, mitos y el registro y transcripción de 1.783 placas de agradecimientos de 23 animitas milagrosas presentes en la región de Valparaíso, hemos podido distinguir cuatro categorías:

1. Persona excepcional: individuo de vida ejemplar y de virtud reconocida por sus familiares y el entorno social, que procuró en su cotidianidad hacer el bien a su familia, los vecinos e incluso a desconocidos. Un verdadero "santo" o "santa" en vida. En esta misma categoría, encontramos a los "inocentes" y "angelitos", personas consideradas puras o libres de pecado.

2. Persona común: sujeto que desde una perspectiva espiritual-religiosa no se distinguió por sus virtudes ni por sus pecados. A pesar de aparecer sin cualidades que le hicieran sobresaliente o virtuoso, no merecía una muerte trágica o mala muerte.

3. El héroe y/o mártir: persona que a lo largo de su vida realizó actos legendarios o épicos –al modo de un prócer–, por los que se transformó en una persona distinguida; o individuo que encontró su muerte en un acto heroico (que dio la vida por otro), de mucho riesgo o en el honorable cumplimiento de un deber laboral (rescatistas, bomberos, policías, pescadores, etcétera).

4. El pecador o delincuente: sujeto que a lo largo de su vida perpetró delitos o cometió pecados graves, los que debiesen condicionar su destino espiritual *post mortem*. Sin embargo, el escenario de defunción (una muerte injusta o violenta) permite abrir una oportunidad de redención.

---

[56] Estos extractos fueron obtenidos desde las entrevistas que realizamos en la animita de Emile Dubois en el Cementerio N° 3 de Playa Ancha, en Valparaíso, entre el 2010 y el 2011.

En la clasificación de las 23 animitas milagrosas de la región de Valparaíso, hemos obtenido los siguientes resultados: persona excepcional, 9; persona común, 12; héroe y/o mártir, 0; pecador o delincuente, 2. Estas cifras encuentran un eco en la clasificación nacional que hemos realizado: persona excepcional, 16; persona común, 26; héroe y/o mártir, 2; pecador o delincuente, 8.

Determinamos que los perfiles de personas excepcionales y comunes prevalecen por sobre las figuras de héroes o delincuentes. Estos últimos aparecen en casos muy controversiales, como lo han sido para el perfil de héroes, el caso de Manuel Rodríguez y José Manuel Balmaceda, y para el perfil de delincuentes o pecadores, las situaciones de Serafín Rodríguez, Emile Dubois o Emilio Inostroza (alias Chacal de Nahueltoro).

Las animitas como objetos: arquetipos de las animitas

En los catastros georreferenciales realizados en siete regiones de Chile (XIV, I, II, III, XV y V), "hemos logrado registrar fotográficamente 2.457 animitas" (Ojeda y Torres: 15), lo que nos da una muestra lo suficientemente heterogénea como para establecer una clasificación formal de estas. Por lo general, la animita está asociada a la imagen de una *casita*, que en términos sociales está cargada de preceptos formales muy fuertes, lo cual, ante las variaciones formales presentes en el registro fotográfico que poseemos, podría excluir un gran número de animitas que no responden, de modo cabal, a dichos preceptos formales de *casitas*. Para realizar una clasificación arquetípica debe entenderse que las animitas, antes de ser una casa, tienen como primera intención construir un hogar, concepto que admite infinitas interpretaciones, tanto formales como espirituales, permitiéndonos analizar y comparar un universo mayor de animitas. Al analizar las animitas de nuestro registro, concluimos establecer ocho arquetipos de hogar: casa tradicional, iglesia, gruta, orgánica, cruz, casa moderna, socio-institucional e híbrida. De manera complementaria, los tamaños de estos arquetipos son variables, pudiendo estos responder a factores climáticos, económicos, materiales o culturales, lo que establece una enorme riqueza estética y arquitectónica.

En la región de Valparaíso hemos catastrado 219 animitas, con los siguientes arquetipos: casas tradicionales, 115; iglesias, 2; grutas, 15; orgánicas, 17; cruces, 2; casas modernas, 11; socio-institucional, 5; híbridas, 52.

Si sumamos todos los arquetipos, obviando las iglesias y las grutas, podemos aseverar que en la práctica de las animitas prevalecería la noción de casa por sobre la noción de templo o iglesia. Esta tendencia también confirmaría que las animitas antes que ser una manifestación religiosa, es una manifestación afectiva de carácter familiar.

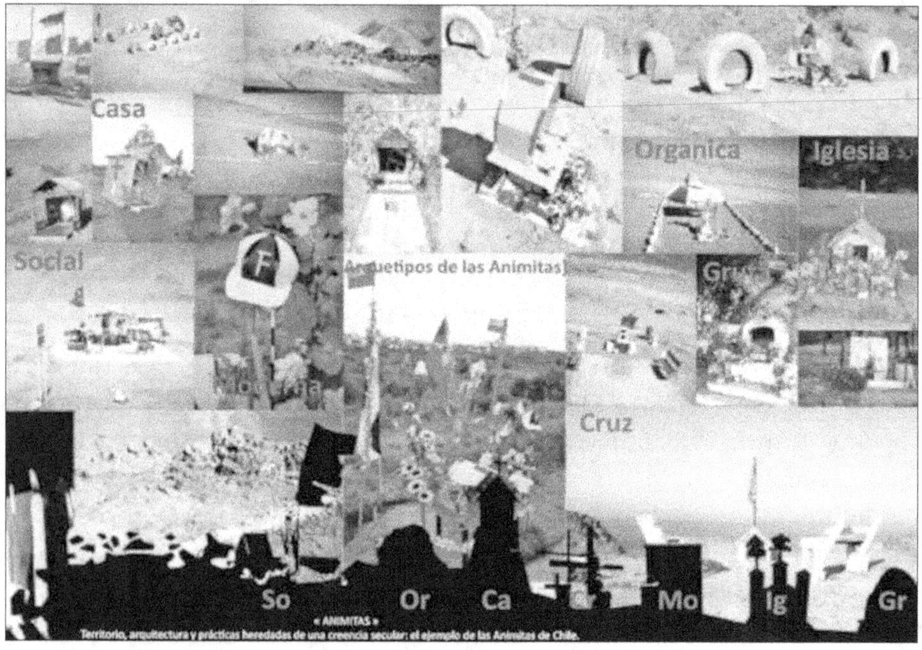

Fig. 1. Lámina arquetipos de la animita (realización Lautaro Ojeda), proyecto Fondart regional 2011, Folio 19182-9.

La animita como lugar: etapas espirituales de una animita

Complementariamente al análisis objetual y de sujeto que hemos realizado, presentaremos a continuación una propuesta de análisis topológico sustentada en una categorización espiritual que se vincula a las prácticas derivadas de las animitas, las cuales determinan el crecimiento de ellas hasta tener una escala habitable para sus practicantes. Antes de describir dicha clasificación, cabe aclarar que la práctica de las animitas se inscribe en el conjunto de las ritualidades mortuorias de la sociedad chilena contemporánea y, por ende, posee diferentes influencias y herencias culturales.

En los estudios antropológicos de algunos poblados aymara del norte de Chile, Juan van Kessel reveló que estos poseían una categorización compuesta por cinco clases de espíritus:

1. Los condenados: espíritus malignos y vengativos.
2. Los angelitos: infantes fallecidos antes de los 7 años.
3. Los abuelos: próceres de las familias.
4. Los gentiles: espíritus de los antepasados precristianos.
5. Animitas: espíritus de parientes y conocidos, que a veces se presentan en sueños para pedir su parte (Van Kessel: 78).

Estos pueblos hacían una clara distinción entre una muerte imprevista y repentina, con la de una muerte tranquila y prevista, lo que se homologa a la visión cristiana, contrarreformista y barroca, de una buena muerte y una mala muerte:

> Respecto a la idea de la muerte que se configura en el mundo cristiano-occidental, debemos recordar la noción antes mencionada de Buena Muerte, pues dentro de la cultura europea de contrarreforma y barroca –hispánica por añadidura– el temor cotidiano al fin de la existencia fue generalizado entre la población (León: 39).

Por otro lado, los estudios de los pueblos mapuches planteados por Lydia Nakashima Degarrod nos revela que la muerte "implica una prolongación del individuo a través de la existencia de su alma en el mundo espiritual y terrenal" (37). Nakashima explica que el alma del difunto para alcanzar el *wenumapu*, tendrá que sufrir una serie de transformaciones. La primera etapa se denomina *alwe*: alma que transita. Tras superar todas las almas maléficas, se transformará en *pülli*. Si a estos antecedentes sumamos las visiones europeas desglosadas por autores como Philippe Ariès, Michel Vovelle[57] y Edgar Morin, además de los estudios de terreno que hemos realizado, tenemos la posibilidad de entender las práctica de las animitas como un duelo inacabado y expresado en cuatro etapas o categorías complementarias, temporalmente consecutivas, pudiendo dividir estas cuatro categorías en dos escalas sociales: la familiar y la extrafamiliar.

---

[57] Philippe Ariès, en su obra *El hombre ante la muerte*, describe que el hombre, desde el Medioevo hasta el siglo XX, ha tenido un proceso cultural frente a la muerte compuesto en cuatro etapas: la muerte amaestrada, la muerte propia, la muerte ajena y la muerte prohibida. Por su lado, Michel Vovelle simplifica este esquema en dos etapas: la muerte sufrida y la muerte vivida.

Escala familiar

En la escala familiar se presentan la construcción espiritual y el duelo prolongado.

1. **La construcción espiritual**: Consiste en la construcción del cenotafio definiendo el lugar donde los familiares cercanos recordarán al difunto; en la mayoría de los casos, el tiempo de ejecución de las faenas constructivas suele ser muy próxima a la fecha de defunción.

2. **El duelo prolongado**: Es la etapa activa de la construcción espiritual, pues los familiares establecen una serie de ritos, que tienen por fin superar lo que Morin denomina el traumatismo de la muerte; en esta etapa aparecen todo tipo de objetos afectivos vinculados directamente con la identidad del difunto. Estos rituales bien pueden no terminar. Cabe señalar que esta etapa es la más común en la práctica de las animitas.

Escala extrafamiliar

En la escala extrafamiliar, aparecen tres etapas: el desapego espiritual, la santificación espiritual, el abandono y/o muerte.

1. **Desapego espiritual**: Es cuando personas ajenas al círculo familiar cercano visitan la animita con el fin de solicitar favores especiales a Dios, lo que tácitamente la valida como interlocutor espiritual entre los hombres y Dios. Para ello se le dejan todo tipo de ofrendas y exvotos, que la mayoría de la veces no tienen vínculo alguno con la identidad del difunto, lo que, en definitiva, la despersonaliza.

2. **Santificación espiritual (animita milagrosa)**: Es la etapa más importante de una animita, pues esta se produce cuando el círculo social supera las redes familiares al reconocer una enorme cantidad de milagros, otorgándole el estatus de santo. Popularmente, se conoce como animita milagrosa, pues ya no actúa como interlocutora, sino como interventora. Cabe señalar que este es el punto de inflexión entre la Iglesia católica y esta práctica, pues la canonización popular no posee las mismas pautas que la religión oficial. Para poder distinguir una animita milagrosa de una animita en nacimiento espiritual, hemos establecido un criterio basado en los relatos, levantamientos planimétricos y fotográficos, gracias a los cuales corroboramos que las animitas socialmente consideradas como milagrosas tenían al menos cuatro años de existencia y, al menos, cinco placas de agradecimiento.

Escala transitoria

1. **Abandono y/o muerte**: Puede suceder durante cualquiera de las etapas anteriores, pues la vigencia y continuidad de las animitas está estrechamente vinculadas con quienes las visitan y mantienen, ya que el abandono puede producirse en cualquier momento. Lo curioso es que una animita abandonada puede volver a ser visitada.

Junto a esta clasificación también se establece la siguiente: las animitas colectivas, las cuales conmemoran a más de un individuo, de modo independiente de las coincidencias temporales de las defunciones.

Las animitas colectivas se pueden subdividir de la forma siguiente:

1. **Animita temporalmente complementaria**: Se caracteriza por conmemorar un hecho trágico colectivo, en el cual las placas de agradecimiento suelen ser individual o colectiva.

2. **Animita atemporalmente complementaria**: Conmemora diferentes tragedias individuales ocurridas en distintos momentos.

3. **Animita sincréticamente antagónica**: Representa una defunción trágica (por ende, se celebra un individuo) y complementariamente, se celebra algún santo (a) de la religión cristiana.

¿Una o varias animitas?

En los levantamientos georreferenciales, mencionados anteriormente, pudimos distinguir que de las 219 animitas registradas, 170 corresponden a la etapa del duelo prolongado, 8 al nacimiento espiritual, 23 a santificación espiritual (milagrosa) y 18 al estado de abandono.

Estas 23 animitas milagrosas se ordenan cronológicamente de la siguiente forma: 1907, Luis Amadeo Brihier Lacroix, alias "Emile Dubois", Cementerio N° 3 de Playa Ancha; 1930, Julia Duarte y Luisa Silvia Duarte, de la calle Colón; 1938, Rosita, calle Cajillas, del Cerro Sto. Domingo; aproximadamente 1942, N.N., subida Portales, Cerro Barón; 1951, N.N., de la calle Hermanos Clark, Cerro Larraín; 1954, Isolina Castillo, subida Santa Inés; aproximadamente 1962, N.N., de la Caleta El Membrillo, Playa Ancha; 1984, Hugo Toledo Trejo, Ángel Suazo Castillo, Uldaricio Aravena Sanhueza y Patricio Delgado Vergara, subida Santos Ossa; 1992, Reinaldo Sáez Hermosilla, avenida España; 1994, Basilia del Carmen Díaz Galleguillos, alias "Ita"; 1995, Palmira de las Nieves Howes Alarcón, Cerro Ramaditas; 1997, Jorge Valdovinos Valdovinos, avenida

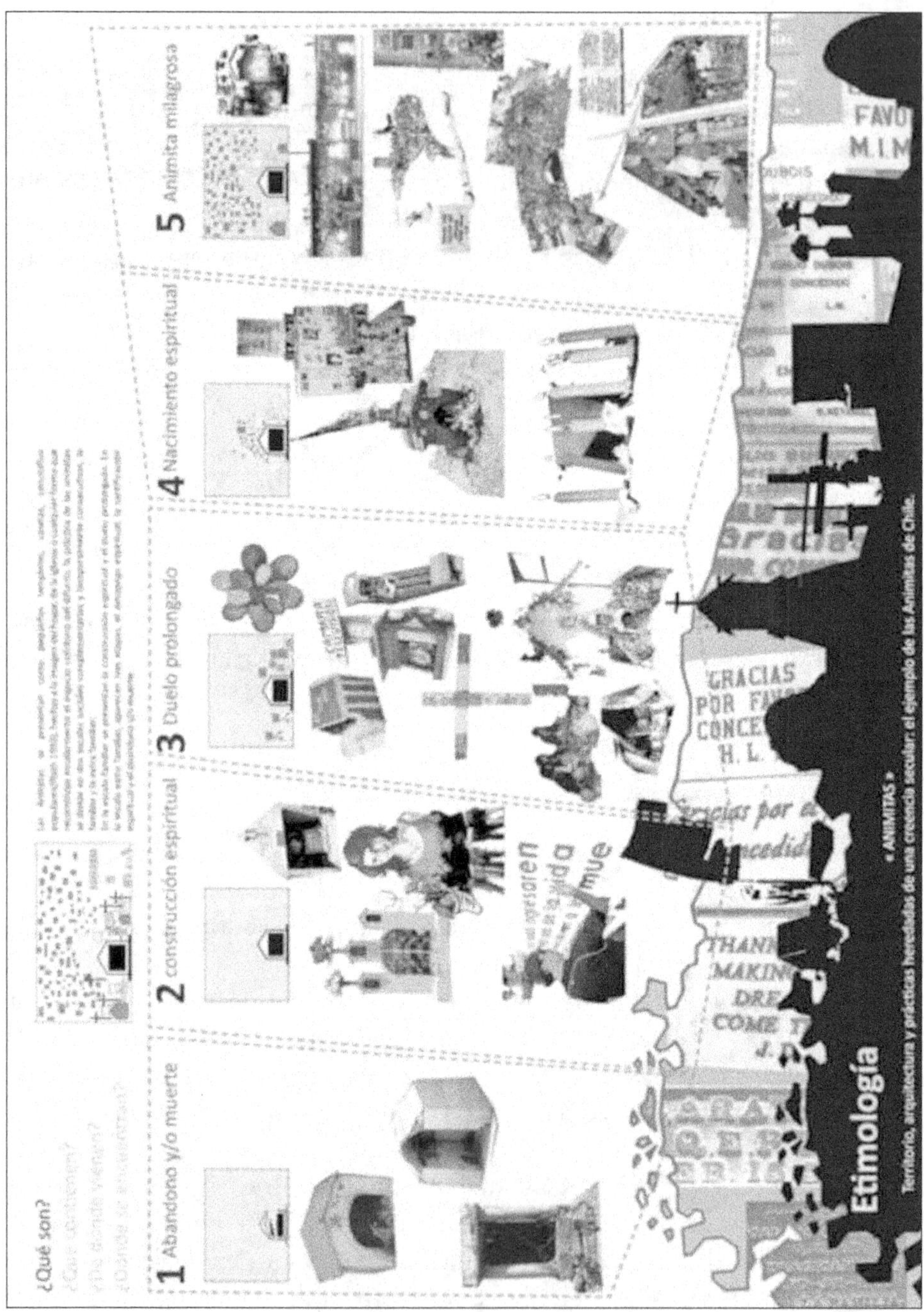

Fig. 2. Lámina de estadísticas arquetipos y etapas espirituales de la animita. Realización Lautaro Ojeda, Tesis doctoral, Mecesup, meta 28 2008-2012.

Concón; 1999, Sergio Ricardo Roa Lecaros; 2000, Johnny Alberto Frías Candón, avenida Francia; 2003, Margarita Miranda López, paseo Wheelwright; 2005, Luis Manuel Torres Castillo, calle Morris con Victoria; 2005, Fabián Enrique Vega Muñoz, Cerro Toro; 2007, Avelina Margot Pozo Muñoz, Aldo Mauricio Ayala Pozo, Ivonne Castro González y Eliseo Páez León, calle Serrano; 2007, papa Juan Pablo II, Rodelillos.

Estas animitas milagrosas destacan por su tamaño, pero también por su devoción y, de este modo, pasan a ser parte de los hitos de referencia territorial. La cronología presentada muestra claramente la data y continuidad de esta práctica. Estas animitas están muy presentes en los imaginarios urbanos de sus familiares y practicantes. A continuación presentamos algunos extractos de entrevistas que ponen esta presencia:

"La otra animita que también es bien milagrosa es la que está en Av. Colón al llegar a Av. Francia. Es muy milagrosa esa animita, no le sé mucho la historia, pero sé que es muy milagrosa. Y la otra que también dicen que es milagrosa es la que está en la esquina de Juana Ross con Luco, que creo que ahí mataron a un niño, que justamente la mamá vive acá abajo. El hijo de ella que mataron. Y así, tantas animitas más. Acá a la vuelta hay otra animita, pero nunca fue nombrado, no tanto como Palmira" (mujer, 54 años).

"De que tengo uso de razón que está ahí… yo tengo 53. Y ahora también allá muy bonita, a la vuelta; por acá por todo el camino de Cintura hicieron una que era de un joven que se ahorcó y la tienen muy bonita también afuera. Afuera, en la acera de la calle. Y la otra vez murió un joven también aquí, en un accidente de una moto, iban a hacer una animita y se opusieron, no la dejaron. Y yo dije oh, yo también discutí harto, porque qué daño hacen. No encuentro que sea un daño, y no lo dejaron hacerlo" (mujer, 58 años).

"Yo recuerdo que estaba chico y ya estaba esa animita allá. Y yo como vivía en Barón íbamos todos los días a la playa, a la Portales. Así que cuando estaba cabro chico, ya estaba esa animita" (hombre, 64 años).

"Yo siempre la que veo, no ve que voy seguido al cementerio, es la que está ahí en el Membrillo, esa la miro y siempre hay harta gente" (hombre, 64 años).

"En el sur, Concepción, la señora Petronila, que la mataron por allá por el sur también en Concepción, está en el cementerio, y la Ita que está en el canal Chacao" (mujer, 70 años).

"Sí, en el sur hay bastante, ahí en Collipulli, mataron una familia y allí hay flores y velas, lleno de inscripciones. Casi en todas las salidas de los pueblos, en los caminos antiguos, salidas para los campos afuera, hay animitas; y allí en

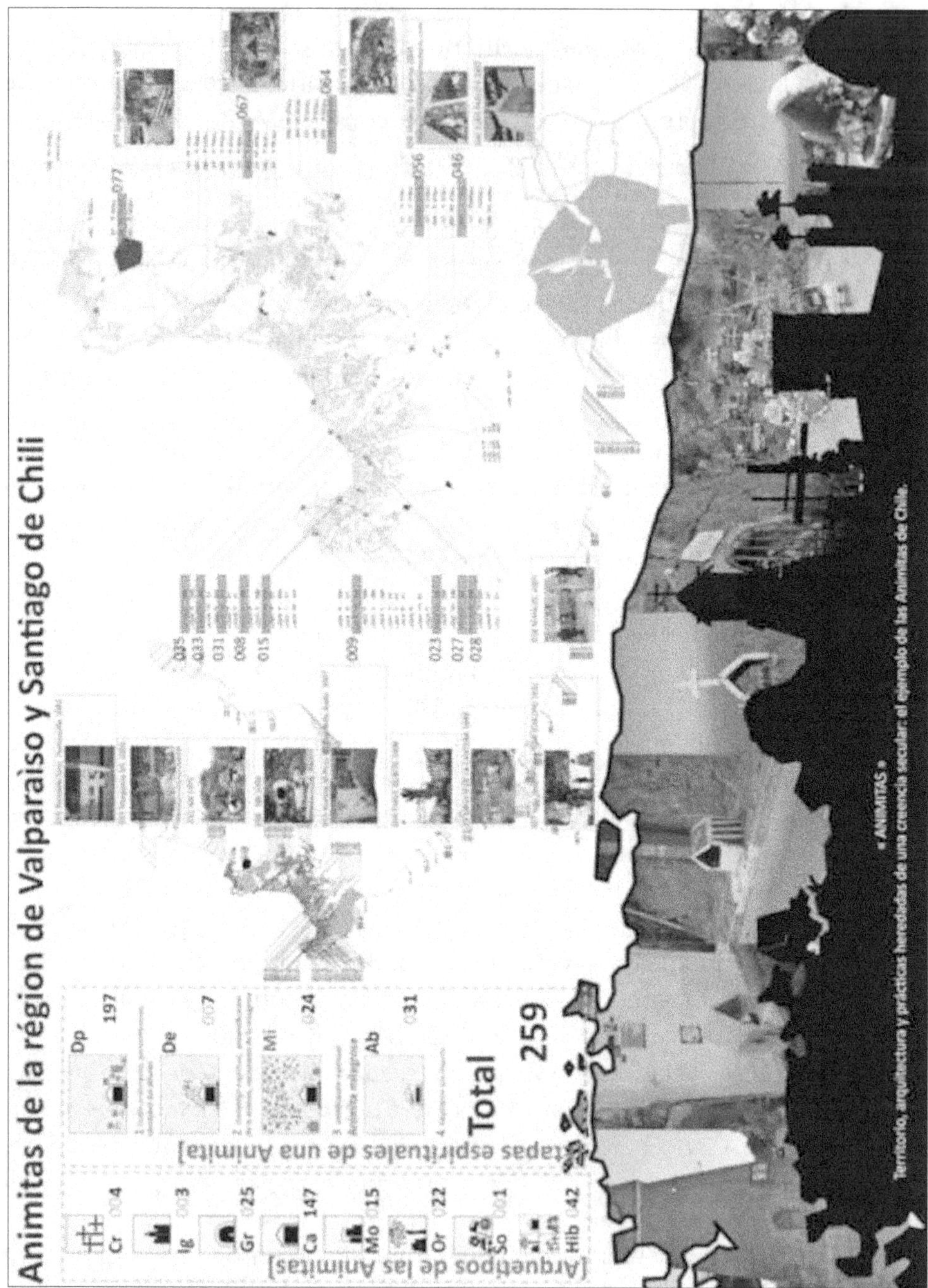

Fig. 3: Lámina animitas de la V Región. Realización Lautaro Ojeda. Tesis doctoral, Mecesup meta 28 2008-2012.

Los Ángeles hay un camino que va a Antuco arriba y está lleno de animitas a la orilla del camino, y allí porque resulta que la gente que vivía son parceleros y en esos tiempos andaban en carretela, venían al pueblo Los Ángeles y se curaban en la ciudad y en la noche los atropellaban; los vehículos, entonces mataban caballos y todo, y allí una animita, parece cementerio; acá en Chillán, en la entrada, murieron varias en un accidentes, varias niñas estudiantes las atropelló un vehículo, allí también hay un recuerdo, varias casitas, allí también hay una cruz grande que recuerda los muertos del terremoto de Chillan, del terremoto de 1939" (hombre, 70 años).

Conclusión

Las animitas son instrumentos de la memoria e intencionalmente cargados de afecciones y simbolismos que, canalizando múltiples funciones y manifestaciones sociales, constituyen uno de los imaginarios urbanos más potentes y fuertes de nuestra sociedad. Además, construyen y cualifican el espacio de todos, de manera libre y espontánea. En este sentido, su resguardo ha estado a cargo de la empatía que los ciudadanos manifiestan ante una muerte trágica, la que es vehiculada por las tres nociones complementarias que hemos desglosado anteriormente: objeto, sujeto y lugar, que en su conjunción, dan curso a la siguiente trilogía temporal: violencia originaria (muerte trágica), culto latente (devoción) e imaginario mortuorio (continuidad temporal del culto).

Cada uno de estos conceptos desencadena varias manifestaciones y emociones complementarias, contradictorias y temporalmente desfasadas, lo que determina el carácter orgánico que tendrá el lugar de la trágica defunción, y de modo implícito, definirá las condiciones de habitabilidad que la animita podrá ir adquiriendo o perdiendo.

De manera paralela, muchos son los casos de construcciones de carácter público o privado, que se han visto enfrentadas al conflicto legal que presentan las animitas, pero en la mayoría de los casos, las animitas se han conservado sin que esto haya sido una manifiesta intención de los constructores o propietarios, tal como si nadie las hubiera visto.[58] Esto se debe a la enorme variedad formal y a sus inéditos emplazamientos, pues hay animitas incrustadas en muros, postes, tumbas, veredas, cerros, etcétera. Bajo esta perspectiva, podemos declarar que

---

[58] Los casos más emblemáticos son la estandarización de 90 animitas de la autopista central y el memorial de 54 animitas en Calama (Ojeda & Torres, 115-123).

las animitas son objetos o equipamientos adherentes, pues prima la práctica por sobre el objeto y, es precisamente, este factor el que sacraliza estos lugares e impide toda remoción o destrucción.

La riqueza de las animitas, entendidas como memoriales conmemorativos, reside en su doble condición material e inmaterial. Los relatos, mitos, historias, creencias constituyen un bien inmaterial no cuantificable y la construcción de templetes, delimitaciones topológicas, disposición de ofrendas, exvotos y placas de agradecimientos constituyen un bien material orgánico. Es así que en esta práctica, inmaterialidad y materialidad son un todo indisociable, por lo que para su resguardo y valorización se hace necesaria una mirada pluridisciplinaria que implemente múltiples herramientas que busquen su complemento, donde un registro antropológico-arquitectónico y una clasificación científica son indispensables para construir un discurso de reivindicación patrimonial local, tanto material como inmaterial.

Las animitas son formas abiertas de carácter orgánico que interactúan con la memoria viva del colectivo social que la practica, y son producto de las representaciones que la gente posee. Por muchos años han construido un paisaje ritual, urbano e informal, que ha vuelto a traer los signos de la muerte en la ciudad.

REFERENCIAS

Ariès, Philippe. *El hombre ante la muerte*. Madrid: Taurus, 1999. Medio impreso.

Borja, Jordi. *La ciudad conquistada*. Madrid: Alianza, 2003. Medio impreso.

Browne, Patricio. "¿Formal o informal?". *Revista ARQ* 53 (2003): 48-51. Medio impreso.

Chertudi, Susana y Josefina Newberry. "La difunta Correa". *Cuadernos del Instituto Nacional de Antropología* 6 (1969): 95-178. Medio impreso.

Choay, Françoise. *Le patrimoine en questions: anthologie pour un combat*. París: Éditions du Seuil, 2009. Medio impreso.

Choay, Françoise y Pierre Merlin. *Dictionnaire de l'urbanisme et de l'aménagement*. París: Quadrige, 2010. Medio impreso.

Colatarci, María Azucena y Ricardo Vidal. "Entre las devociones populares y el culto a los muertos en el paisaje ritual". *Liminar. Estudios Sociales y Humanísticos* 6 (2008): 128-141. Medio impreso.

Coluccio, Félix. *Cultos y canonizaciones populares de Argentina*. Buenos Aires: Ediciones del Sol, 2007. Medio impreso.

Degarrod, Lydia Nakashima. *Sueños de muerte y de transformación de los mapuches de Chile*. Quito: Ediciones ABYA-YALA, 1991. Medio impreso.

Floreal, Forni. "Reflexión sociológica sobre el tema de la religiosidad popular". *Revista Sociedad y Religión* 3 (1986): 5-24. Medio impreso.

González Virós, Itziar. "La percepción y el trazado del territorio latente". En *La construcción social del paisaje*. Ed. Joan Nogué. Madrid: Editorial Biblioteca Nueva, 2007: 163-179. Medio impreso.

Harris, Olivia. "Los muertos y los diablos entre los laymi de Bolivia". *Revista Chungará* 11 (1983):135-152. Medio impreso.

Keynes Darwin, Richard. *The Beagle record*. Londres: Cambridge University Press, 1979. Medio impreso.

Latcham, Ricardo. *Vida de Manuel Rodríguez: el Guerrillero*. Santiago: Editorial Nacimiento, 1932. Medio impreso.

Lira, Claudia. *El rumor de las casitas vacías*. Santiago: Lom, 2002. Medio impreso.

León, Marco Antonio. *Sepultura sagrada, tumba profana. Los espacios de la muerte en Santiago de Chile, 1883-1932*. Santiago: Lom Ediciones, 1997. Medio impreso.

Mauss, Marcel, *Essai sur le don*. París: Presses Universitaires de France, 2007. Medio impreso.

Morin, Edgar. *El hombre y la muerte*. Barcelona: Editorial Kairós, 1994. Medio impreso.

Ojeda, Lautaro y Miguel Torres. *Animitas, deseos cristalizados de un duelo inacabado*. Santiago: Lom y Consejo Nacional de la Cultura y las Artes, 2011. Medio impreso.

Parker, Cristián. *Otra lógica para América Latina, religión popular y modernización capitalista*. Santiago: Fondo de Cultura Económica, 1996. Medio impreso.

Plath, Oreste. *L'animita: hagiografía folklórica*. Santiago: Editorial Grijalbo, 1995. Medio impreso.

Pollak-Eltz, Angelina. *Las ánimas milagrosas en Venezuela*. Caracas: Fundación Bigot, 1989. Medio impreso.

Salas Astrain, Ricardo. "Violencia y muerte en el mundo popular". *Estudios sobre las Culturas Contemporáneas, primavera, año/vol*. IV 013-014 (1992): 181-192. Medio impreso.

Schlack, Elke. "Espacio público". *Revista ARQ* 65 (2007): 25-27. Medio impreso.

Tardin Coelho, Raquel. "Los paisajes de la ciudad oculta". En *La construcción social del paisaje*. Ed. Nogué Joan. Madrid: Editorial Biblioteca Nueva, 2007:163-179. Medio impreso.

Van Kessel, Juan. "El ritual mortuorio de los aymara de Tarapacá como vivencia y crianza de la vida". *Revista Chungará* 33 (2001): 221-234. Medio impreso.

Vicuña Mackenna, Benjamín. *Valparaíso y los ingleses*. Santiago: Cervantes. 1910. [Versión Memoria Chilena].

Vovelle, Michel. *La mort et l'occident de 1300 à nos jours*. París: Gallimard, 1983. Medio impreso.

Constitución política de la República. Santiago: Diario Oficial La Nación, 2005. Medio impreso.

Ordenanza general de urbanismo y construcción.

SOBRE LOS AUTORES

Luis Bahamondes González
Doctor en Ciencias de la Religiones. Académico del Centro de Estudios Judaicos de la Universidad de Chile y del Centro de Investigaciones Socioculturales (CISOC) de la Universidad Alberto Hurtado.
luisbahamondes@yahoo.com

María Paz Contreras Valdovinos
Artista visual.
mariapaz.contreras@hotmail.com

Tomás Domínguez Balmaceda
Arquitecto P.U.C.
fundacionciudadeterna@gmail.com

Juan Escobar Albornoz
Estudiante de Magíster en Literatura Latinoamericana y Chilena del Departa-mento de Lingüística y Literatura de la Universidad de Santiago.
escobara@usach.cl

Bernardo Guerrero Jiménez
Sociólogo. Dr. en Ciencias Socio-culturales por la Universidad Libre de Amsterdam. Profesor Titular y Director del Instituto de Estudios Andinos "Isluga" de la Universidad Arturo Prat, Iquique.
bernardo.guerrero@gmail.com

MAGÍN MOSCHENI SOSSA

Profesor de Artes Plásticas U.M.C.E. Magister en Arquitectura P.U.C. Magister© en Filosofía U. de Chile.

magin@uc.cl

LAUTARO OJEDA LEDESMA

Arquitecto (2005) Universidad de Valparaíso, Doctor en "Aménagement de l'espace, Urbanisme et Architecture" (2012) Institut de Géoarchitecture Université de Bretagne Occidentale. Brest, Francia.

lautaro.ojeda@uv.cl

PÍA READI GARRIDO

Periodista, Licenciada en Comunicación Social y diplomada en Comunicación Corporativa. P.U.C.

pia_readi@hotmail.com

MARÍA ELENA RETAMAL RUIZ

Profesora de Artes Plásticas, U.M.C.E. Licenciada en Estética, P.U.C; Magister© en Estéticas Americanas, P.U.C. Posee estudios de Magister: Teoría e Historia del Arte (U. de Chile, 1998), en Ciencias Sociales con mención Antropología e Historia (Escuela Andina de postgrado-Flacso, Perú, 2001), Estudios Culturales (U. Arcis, Santiago, 2008).

Invunche@hotmail.com

JUAN CARLOS SKEWES

Antropólogo; Ph.D., Director del Departamento de Antropología de la Universidad Alberto Hurtado. Sus líneas de investigación se centran en la antropología del ambiente y el patrimonio.

jskewes@uahurtado.cl

PABLO VARGAS ROJAS

Profesor de Castellano, U.M.C.E.; magíster en literatura hispanoamericana y chilena de la Universidad de Santiago de Chile; doctor© en estudios latinoamericanos de la Universidad de Chile.

vargasrojas@hotmail.com